코딩세계 초보여행자를 위한 안내서

with 스크래치3.0

본 저서는 과학기술정보통신부 및 정보통신기획평가원의
SW중심대학지원사업의 연구결과로 수행되었음(2019-0-01817)

코딩세계
초보여행자를
위한 안내서
with 스크래치3.0

INFINITYBOOKS
인피니티북스

문미경 · 장문수 공저

국립중앙도서관 출판시도서목록(CIP)

이 도서의 국립중앙도서관 출판예정도서목록(CIP)은 서지정보유통지원
시스템 홈페이지(http://seoji.nl.go.kr)와 국가자료종합목록 구축
시스템(http://kolis-net.nl.go.kr)에서 이용하실 수 있습니다.

(CIP제어번호 : CIP2020000116)

머리말

현대 사회는 4차 산업혁명 시대라고 하며 지능정보화 시대라고도 불리고 있습니다. 인공지능, 빅데이터, 사물인터넷을 넘어 이제는 만물인터넷으로 뻗어나가고 있는 기술이 급변하는 시대에 우리는 살아가고 있습니다. 최근 인공지능에 대한 연구가 활발히 이루어지고 있습니다. 적용될수 있는 분야가 무궁무진한 인공지능이 컴퓨터 이외의 다른 분야에 접목되었을 때 어떤 결과가 나올 수 있을까요? 그 결과를 예측하리란 쉽지 않지만 큰 변화가 오리라는 것을 우리는 느낄 수 있습니다.

시대의 발전으로 소프트웨어는 이제 컴퓨터공학에서만 다루는 내용이 아닙니다. 그렇기 때문에 많은 교육자, 전문가들이 코딩 교육의 필요성을 강조하고 있습니다. 현재 우리나라는 2018년부터 코딩 교육을 의무화하여 기초교육과정의 정규 과목으로 배우도록 하고 있습니다. 이미 여러 선진국은 우리나라보다 훨씬 먼저 코딩 교육을 실시했습니다. 기초교육에서부터 코딩 교육을 하는 이유는 변화하는 환경에서 스스로 유연하고 효과적인 사고를 하며 자발적으로 문제를 해결하는 역량을 갖출 수 있도록 하는 컴퓨팅 사고(Computational Thinking)를 키울 수 있도록 하기 위해서입니다.

과거엔 코딩을 배우기가 아주 어려웠습니다. 텍스트로 코딩하는 C, JAVA 등을 시작으로 배워야 했기 때문입니다. 그러나 지금은 블록 코딩 언어들로 기초적인 문제해결 능력과 알고리즘 구현을 어렵지않게 공부할 수 있습니다. 대표적인 블록 코딩 언어가 이 책에서 다룰 스크래치(Scratch)이며 많은 사람이 코딩을 처음으로 배우기 좋은 언어입니다. 이 책을 통해 코딩을 보다 쉽게, 보다 재밌게 배울 수 있기를 바라며 집필하였습니다.

> *"Everybody in this country should learn how to program a computer.*
> *Because it teaches you how to think."*
>
> _Steve Jobs
>
> "이 나라에 살고 있는 모든 사람들은 코딩을 배워야 한다. 코딩은 생각하는 법을 가르쳐 주기 때문이다."
>
> _스티브 잡스

이 책의 구성

이 책은 다양한 예제들을 순서대로 따라 만들어보며 코딩을 쉽게 배울 수 있도록 하였습니다. Part3의 1~10장은 기본예제로 핵심 개념을 간단한 예제들을 통해 습득합니다. 11~16장은 응용예제로 기본예제를 통해 배운 개념과 함께 중급 알고리즘 내용을 배울 수 있습니다. 마지막으로 Part4는 고급예제들로 다양한 장르의 게임을 구현하면서 소프트웨어를 개발하는 과정과 여러 가지 고급 알고리즘에 대해 배울 수 있습니다.

구성요소

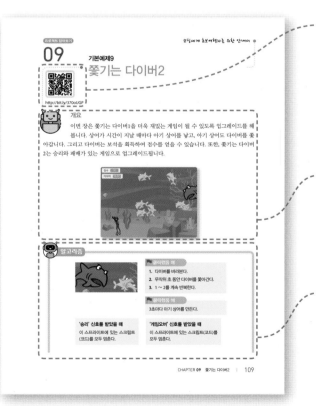

미리 보기

QR코드 또는 링크 주소로 접속하여 이번에 배울 예제가 어떤 내용인지 미리 확인할 수 있습니다. 미리 보기를 꼭 보면서 이 예제는 어떻게 만드는 것일까 고민해보도록 합시다. 꼭 미리보기를 확인하고 예제를 만들도록 합니다.

개요

미리 보기에 대한 이해를 높여줄 수 있는 설명과 함께 어떤 내용에 대해 배우는지 간단하게 알 수 있습니다.

알고리즘

해당 스프라이트가 어떤 알고리즘으로 동작되고 있는지를 순서로 간단히 설명합니다.

복제하기

스크래치에는 복제 기능이 있습니다. 이 기능은 말 그대로 해당 스프라이트와 똑같은 객체를 하나 더 복제하는 것입니다. 바로 간단한 예를 만들어보며 이 기능을 살펴보도록 하겠습니다. 기본 생성된 고양이에게 바로 코딩을 해봅시다.

고양이 스프라이트에 다음과 같이 코딩을 합시다. 간단하게 계속 움직이는 코드입니다. 여기서 복제 기능을 한번 사용해봅시다.

- - - **핵심 개념 설명**

코딩을 시작하기 전, 해당 예제 구현에 필요한 핵심 개념에 대해 배워봅니다.

코딩

이번 코딩은 앞서 개발했던 쫓기는 다이버1에서 업그레이드 하겠습니다. 먼저 새로운 스프라이트를 추가합니다.

STEP 01 → **스프라이트 추가**

Crystal 스프라이트를 추가합니다.

STEP 02 → **상어 스크립트 업그레이드**

상어의 알고리즘
❶ 3초마다 복제본을 생성한다.

아기 상어(복제된 상어)의 알고리즘
❶ 크기를 50%로 정한다.
❷ 색을 연하게 바꾼다.
❸ 다이버를 바라본다.

- - - **코딩 시작**

코딩은 STEP으로 표현하여 단계별로 진행합니다. 순서대로 잘 따라 해보며 코딩해봅시다.

- - - **알고리즘**

코딩을 시작하기 전, 다시 한 번 더 스프라이트별 알고리즘에 대해 설명합니다.

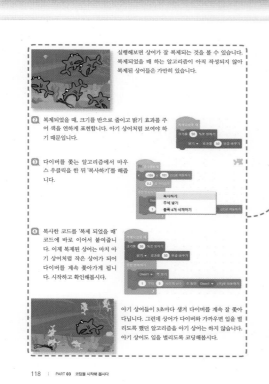

실행해보면 상어가 잘 복제되는 것을 볼 수 있습니다. 복제되었을 때 하는 알고리즘이 아직 작성되지 않아 복제된 상어들은 가만히 있습니다.

❷ 복제되었을 때, 크기를 반으로 줄이고 밝기 효과를 주어 색을 연하게 표현합니다. 아기 상어처럼 보여야 하기 때문입니다.

❸ 다이버를 쫓는 알고리즘에서 마우스 우클릭을 한 뒤 '복사하기'를 해줍니다.

❹ 복사한 코드를 '복제 되었을 때' 코드에 바로 이어서 붙여줍니다. 이제 복제된 상어는 마치 아기 상어처럼 작은 상어가 되어 다이버를 계속 쫓아가게 됩니다. 시작하고 확인해봅시다.

아기 상어들이 3초마다 생겨 다이버를 계속 잘 쫓아 다닙니다. 그런데 상어가 다이버와 가까우면 입을 벌리도록 했던 알고리즘을 아기 상어는 하지 않습니다. 아기 상어도 입을 벌리도록 코딩해봅시다.

- - - **코딩**

스크립트 그림과 함께 설명을 보며 번호 순서대로 직접 코딩해 봅니다. 핵심 개념 설명에서 배운 내용이 들어있으므로 잘 숙지하면서 코딩해 봅니다.

목차

코딩을 시작하기 전에...

이 책을 통해서 우리는 코딩이 무엇이고 코딩을 하는 방법에 대해
배우게 됩니다. 그전에 먼저 코딩을 이해하기 위해 간단한 배경
지식을 알아봅시다.

01

컴퓨터란?

우리가 배우고자 하는 '코딩'은 컴퓨터로 하는 것입니다. 코딩을 알아보기 전에 컴퓨터에 대해 자세히 알아봅시다. 컴퓨터의 사전적 의미는 '복잡한 계산을 고속으로 할 수 있는 기계'를 말합니다. 우리가 당연하게 사용해온 컴퓨터는 어떻게 개발되었을까요? 컴퓨터의 구조와 그 역사를 한번 알아보도록 합시다.

컴퓨터의 구조

현재 우리가 쓰는 컴퓨터의 구조는 어떻게 이루어져 있는지 한번 알아보겠습니다. 현시대의 컴퓨터는 그 종류가 무척이나 많습니다. 일반적으로 사용하는 PC, 노트북, 타블렛, 스마트폰, 스마트 워치 등 그 종류는 다 일컬을 수 없을 정도로 다양합니다. 이 첨단 기기들 모두가 바로 컴퓨터입니다.

이 모든 기기를 컴퓨터라고 부르는 이유는 컴퓨터의 3대 요소인 CPU, 메모리, 입출력 장치가 모두 들어있기 때문입니다. 이 3대 요소가 있다면 그 기기는 컴퓨터라 부를 수 있습니다. 각각을 간단히 사람에 비유해 설명하자면 다음과 같습니다.

- **CPU** - 뇌에서 계산과 연산을 담당하는 부분입니다.
- **메모리(Memory)** - 뇌에서 기억을 담당하는 부분입니다.
- **입출력장치** - 눈, 입, 손 등 사람이 보고 생각한 대로 움직일 수 있는 부분입니다. 그리고 이 부분들로 뇌에 정보를 전달하기도 합니다.

이 3대 요소는 하드웨어라 부릅니다. 물론 3대 요소 외에도 다양한 기능을 하는 하드웨어가 컴퓨터에 들어있습니다. 하지만 컴퓨터라고 부르기 위해선 꼭 이 3대 요소가 포함되어야 합니다. 이제 하드웨어와 소프트웨어에 대해 자세히 알아봅시다.

하드웨어

하드웨어(Hardware)의 단어를 풀어서 보면 Hard(단단한) Ware(장치)로 '단단한 장치'로 읽을 수 있습니다. 컴퓨터와 컴퓨터 부품, 그리고 주변기기들을 모두 포함하여 단단한 장치라면 모두 '하드웨어'라 부릅니다. 우리가 사용하는 키보드, 마우스, 프린터 모두 하드웨어이며 컴퓨터를 이루는 부품인 CPU, 메모리, 그래픽카드 등등의 부품들도 모두 하드웨어라고 부릅니다.

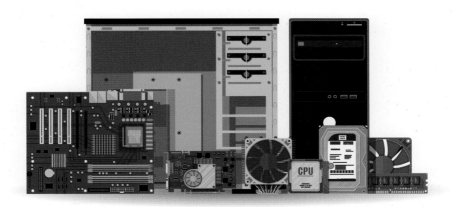

소프트웨어

소프트웨어(Software)는 바로 프로그램을 말합니다. 우리가 컴퓨터를 하면서 문서 작업이 필요하면 사용하는 문서 프로그램, 정보를 검색하기 위해 사용하는 검색 프로그램, 또는 재미를 위해 하는 게임까지도 모두 소프트웨어입니다. 단어를 풀어서 보면 Soft(부드러운) Ware(장치)이지만 부드럽다는 뜻은 아닙니다. 'Hard'ware와 반대의 의미로 'Soft'를 붙여 용어를 만든 것입니다. 원래는 컴퓨터에서 동작하는 프로그램만을 소프트웨어라 불렀습니다. 그러나 현대로 오면서 점점 전화, 냉장고, 자동차 등 컴퓨터화 되어가는 장치가 늘어나면서 소프트웨어란 단어는 폭넓게 사용되고 있습니다.

컴퓨터의 역사

컴퓨터(Computer)의 어원은 '계산하다'라는 뜻을 가진 라틴어 'computare'에서 유래되었습니다. 따라서 계산이 가능한 도구나 기계는 다 컴퓨터라 부를 수 있으므로 기원전에 개발된 주판부터 컴퓨터라 부를 수 있지만, 우리는 컴퓨터의 발전에 있어 역사적으로 중요했던 컴퓨터들을 시대별로 간단하게 알아보겠습니다.

에니악(1940년대)

흔히 최초의 컴퓨터로 알려진 에니악입니다. 사실, 최초의 컴퓨터(최초의 컴퓨터는 ABC)는 아니었으나 컴퓨터의 발전에서 아주 중요한 위치에 있으므로 최초의 컴퓨터로 자주 언급됩니다. 1946년 모클리와 에커트의 공동설계로 만들어진 30톤짜리 컴퓨터로서 다음 사진에서 볼 수 있듯이 모든 벽면을 둘러 있는 기계들 전부가 에니악입니다. 군용으로 포탄의 탄도학 계산을 위해 개발한 것이 원래 목적이었지만, 완성될 때 즈음엔 종전 이후인 1945년 이후였기 때문에 군용으로는 사용하지 못하였습니다. 그렇지만 이후 우주선 연구, 일기예보, 초기 수소폭탄 시뮬레이션에 사용되어 그 역할을 충분히 하였습니다.

 에니악의 성능은 지금 현재 널리 쓰이는 평균적인 컴퓨터 사양을 놓고 단순하게 이야기해보자면, 애니악이 2,500,000대 있어야 우리가 쓰는 평균적인 컴퓨터 사양과 똑같다고 할 수 있습니다.

폰노이만과 에드삭(1950년대 ~ 1970년대)

컴퓨터의 역사에서 꼭 언급되는 한 사람이 있습니다. 바로 헝가리의 수학자 폰 노이만(John von Neumann)이란 인물입니다. 수학자이자, 양자역학, 함수해석학, 집합론, 위상수학, 컴퓨터과학, 수치해석, 경제학, 통계학 등 거의 모든 분야에 수많은 업적을 남긴 인류역사상 최고로 똑똑했던 인물 중 한 사람입니다. 폰 노이만은 에니악 개발에 참여했었습니다. 에니악은 새로운 프로그램을 실행할 때, 수많은 배선을 다시 배치하는 작업을 몇 시간에 걸쳐서 해야 했던 단점이 있습니다. 이 복잡한 방식을 해결하고자 폰 노이만은 컴퓨터의 명령이나 데이터를 모두 기억시키는 프로그램 내장방식을 고안하였습니다. 이 방식을 채택해 만들어졌던 컴퓨터가 에드삭입니다. 이때 폰 노이만이 고안한 프로그램 내장방식은 현재까지도 컴퓨터의 실행구조로 사용되고 있습니다.

이후 반도체 기술과 전자 기술의 발전으로 컴퓨터는 점점 작아지고 연산속도도 빨라졌습니다. 여러 분야에서 수요가 높아지면서 이용범위가 넓어졌고 가정으로까지도 수요가 생겨 약 10년마다 급격한 발전을 이루었습니다.

개인용 컴퓨터의 등장(1970년대 ~ 1990년대)

반도체 기술의 발전이 비약적으로 이루어지면서 하드웨어의 원가가 크게 절감되었습니다. 이로 인해 이전보다 손쉽게 하드웨어를 사용할 수 있게 되면서 IBM에서 개인용 컴퓨터 (Personal Computer), 즉 PC를 출시하였습니다. PC가 가정과 사회로 널리 보급되면서 과거 현재의 어른들이 익숙하게 사용했던 286, 386, 486 컴퓨터가 등장하였습니다. 이 시기부터 CPU가 급격하게 발전하기 시작하였습니다. 하드웨어가 급성장하면서 소프트웨어가 비약적으로 크게 발전하기 시작했습니다. 윈도우라는 운영체제로 세계적으로 널리 알려진 Microsoft가 바로 이때부터 글로벌 시장에 파급력을 행사하기 시작했습니다.

스마트폰의 등장 (1990년대 ~ 현재)

1990년대 이후 컴퓨터 시장은 기업들간의 경쟁으로 더욱 발전하여 컴퓨터 하드웨어 시장이 커지면서 컴퓨터를 원하는 개인의 수요가 폭발적으로 늘어났습니다. 하드웨어 시장이 비약적으로 발전하면서 PC는 더욱 작아지고 사양이 극대화되었습니다. 들고 다닐 수 있는 컴퓨터인 노트북이 만들어지고 PDA와 같은 다양한 첨단 기기들이 등장하였습니다. 물론 이와 함께 소프트웨어 시장도 급격히 성장하게 됩니다. 그리고 많은 기업들이 휴대전화와 PC를 접목하는 시도를 하였고 2007년, 애플사의 아이폰이 출시하면서 스마트폰 시대가 시작 되었습니다.

스마트폰의 시장의 발전과 함께 컴퓨터 시장도 같이 크게 발전을 이어가고 있습니다. 현재 컴퓨터의 기능은 더욱 세분화 되면서 다양한 하드웨어, 소프트웨어의 발전을 이루어나가고 있습니다. 이제는 하드웨어보다 소프트웨어에 더 주목되어 AI, IoT, 빅데이터 등 다양한 기술 연구가 활발히 진행 중입니다.

02 소프트웨어 중심사회

 컴퓨터의 구조와 그 역사에 대해 간단히 알아보았습니다. 컴퓨터와 함께 발전한 우리사회는 이제 소프트웨어 중심사회라고 부릅니다. 소프트웨어 중심사회로 발전되기까지 어떤 기술적 발전을 거쳐왔는지 간단히 살펴보고 소프트웨어 중심사회에 대하여 알아보도록 하겠습니다.

1차 산업혁명

18세기 후반 증기기관의 개발로 1차 산업혁명이 시작되었습니다. 인간의 노동력을 기계적 동력인 증기기관이 대체하게 됨으로써 본격적인 공업화가 시작되었습니다. 덕분에 생산성이 향상되어 물건의 가격이 낮아져 보다 저렴한 가격으로 물건을 구입할 수 있었습니다.

2차 산업혁명

1차 산업혁명을 시작으로 인류는 더 빠르게 발전하기 시작하였습니다. 19세기 후반 전기 에너지와 석유를 바탕으로 공장의 생산성이 극대화되었으며, 엄청난 기술적 혁신이 이루어집니다. 건전지부터 전화기, 텔레비전, 자동차, 비행기, 에어컨 등 다양한 기술적 발전이 이때 이루어졌습니다.

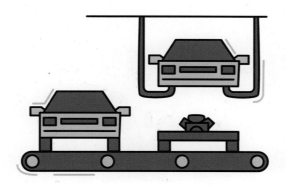

3차 산업혁명

1970년대엔 전자 기술과 IT의 발전으로 인해 논리를 통한 프로그램을 구현할 수 있게 되었습니다. 사람이 하기에 오래 걸리고 복잡한 계산을 프로그램이 대체하게 되면서 공장자동화가 이루어졌습니다. 또한, 컴퓨터의 발전이 급격하게 이루어지고, 1990년대에 WW-W(World Wide Web)이 개발되면서 정보화 혁명이 시작되었습니다. 이 시기부터 본격적으로 소프트웨어가 주목받기 시작했습니다.

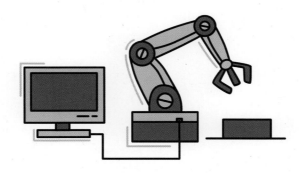

4차 산업혁명

현대 시대에 들어서면서 물건끼리 소통할 수 있는 IoT 기술과 방대한 데이터를 기반으로 예측 분석을 가능하게 하는 빅데이터, 컴퓨터가 스스로 생각하고 판단하여 행동하도록 하는 시스템인 AI 연구가 활발히 진행되고 있습니다. 이 놀라운 기술들을 바탕으로 현대 시대가 빠르게 발전하고 있습니다. 4차산업혁명이 이루어지고 있으며 이런 신기술들이 우리의 일상으로 깊게 파고들면서 가까운 미래에는 AI비서가 우리와 함께할 수도 있습니다.

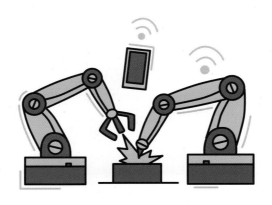

소프트웨어 중심사회

4차 산업혁명 시대에 들어선 현재, 소프트웨어는 가장 가치있게 다뤄지고 있습니다. 우리의 사회, 우리의 삶에서 소프트웨어가 없는 곳이 거의 없습니다. 일상적으로 들고 다니는 스마트폰엔 소프트웨어가 셀 수 없이 많이 들어 있습니다. 그리고 TV, 자동차, 냉장고와 같은 모든 사물이 컴퓨터화 되어 소프트웨어가 들어있습니다. 사회 시스템을 움직이는 인프라에서도 소프트웨어가 역할을 하고 있고 우리 사회의 곳곳에 소프트웨어가 존재하고 있습니다. 이처럼 소프트웨어가 없는 곳을 찾기 힘든 이 현대 사회를 바로 소프트웨어 중심사회라고 부릅니다.

03

소프트웨어의 중요성

소프트웨어는 인간이 할 수 있는 간단한 노동을 대체해오고 있습니다. 예를 들어, ARS로 은행 업무를 볼 때 일반적으로 대기자들이 있어 긴 시간을 기다린 뒤 은행 업무를 보게 됩니다. 이러한 불편함을 해소하기 위해 많은 은행이 ARS에 AI 기술을 적용하여, 불편함 없이 간편한 업무를 볼 수 있도록 하고자 하는 '챗봇'이란 기술을 활발히 연구개발하고 있습니다. 현재는 단순한 상담에 응대가 가능한 정도이지만, AI 기술이 더 발전하게 되면 마치 사람처럼 대화가 가능한 형태로 대기시간 없이 ARS 은행 업무를 볼 수 있게 될 것입니다.

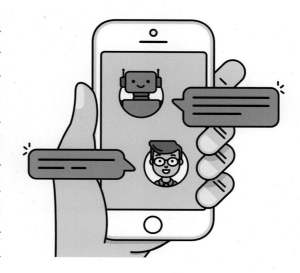

memo

소프트웨어는 우리의 삶, 우리의 사회를 크게 변화시킬 AI로 인해 크게 주목받고 있습니다. 거의 모든 분야에 AI를 적용하기 위한 노력이 앞으로 이루어질 것입니다. 따라서 앞으로는 컴퓨터를 전문적으로 하는 분야가 아님에도 AI와의 융합을 위해 우리는 코딩이란 것을 또 하나의 언어로써 배워야 합니다.

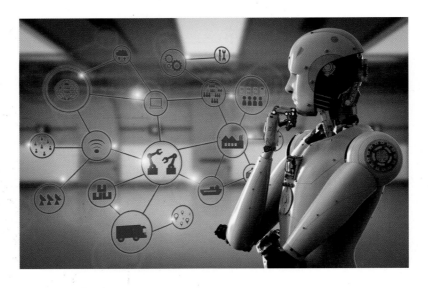

이미 미국, 독일, 프랑스 등 선진국들은 우리나라보다 훨씬 몇 년 앞서 코딩을 필수교육으로 가르치고 있습니다.

memo

코딩세계
초보여행자를
위한 안내서
with 스크래치3.0

PART 02

스크래치를 알아봅시다

코딩세계 초보여행자를 위한 안내서

우리는 스크래치를 코딩을 통해 배워볼 것입니다. 그 전에 먼저
스크래치에 대해 알아봅시다.

01

스크래치란(Scratch)?

스크래치(https://scratch.mit.edu/)는 MIT에서 만든 교육용 프로그래밍 언어입니다. 원래 텍스트를 타이핑해 코딩을 하지만, 코딩을 보다 쉽게 시작할 수 있도록 블록을 맞추듯이 연결하는 방식으로 만들어졌습니다. 스크래치는 무료로 제공되고 있으며 주로 게임이나 애니메이션을 만들 수 있습니다.

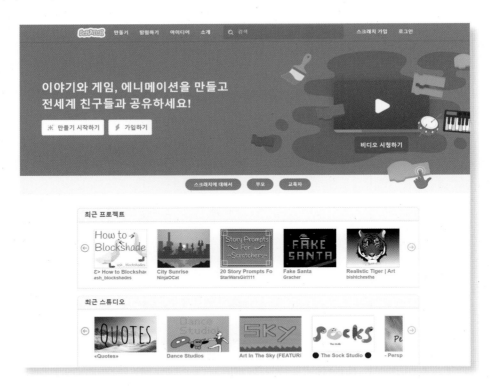

02

스크래치 가입하기

스크래치는 로그인하지 않고 바로 사용할 수도 있지만, 우리가 만든 결과물들을 저장하기 위해선 로그인을 해야 합니다. 먼저 스크래치 가입을 해봅시다.

스크래치 접속하기

먼저 인터넷 사용이 가능한 컴퓨터로 인터넷 익스플로러, 크롬 등의 웹브라우저 프로그램을 실행합니다. 그리고 주소창에 https://scratch.mit.edu/를 입력하여 스크래치 사이트에 접속합니다(또는 구글이나 네이버와 같은 검색엔진에서 '스크래치'를 검색해서 들어가도 됩니다). 아래와 같은 화면이 출력되면 오른쪽 상단의 스크래치 가입 을 클릭하거나 왼쪽 편의 가입하기 를 클릭합니다.

가입하기

아래와 같은 화면이 출력됩니다. '사용자 이름 만들기'는 ID를 만드는 곳입니다. 구글이나 네이버 등 다른 사이트에서 ID를 만들던 것과 같이 실제 이름이 아니라 사용할 ID를 생성해야 합니다. 안내 문구도 실제 이름은 사용하지 말라고 합니다.

사용자 이름 만들기에 자신만의 ID를 만들도록 합니다. 그리고 비밀번호도 만들어줍니다. 작성을 다하고 나면 '다음'을 눌러줍니다.

다음과 같이 국가를 선택할 수 있는 화면이 출력됩니다. '국가를 선택하세요'를 클릭하면 다양한 국가들의 리스트가 보여집니다. 알파벳 순서대로 되어 있기 때문에 리스트를 K쪽으로 내리면 우리나라인 'Korea, Republic of'를 찾을 수 있습니다. 선택한 뒤 '다음'을 클릭합니다.

태어난 월과 연도를 입력하는 화면이 출력됩니다. 자신의 정보를 입력해줍니다. 그리고 '다음'을 클릭합니다.

성별을 입력하는 화면이 출력됩니다. 자신의 성별을 선택하거나 원하는 항목을 선택하도록 합니다. 선택을 완료하고 '다음'을 클릭합니다.

이메일을 입력하는 화면이 출력됩니다. 자신이 가지고 있는 이메일 주소를 입력해줍니다. 그리고 스크래치에서 전해주는 정보를 수신하고 싶다면 아래의 작은 네모(체크박스)를 클릭하도록 합니다. 입력이 완료되면 '계정 만들기'를 클릭합니다.

다음과 같은 화면이 출력되면서 스크래치 가입이 완료됩니다. 안내사항에서 볼 수 있듯이 가입할 때 작성한 자신의 이메일을 확인하면 스크래치에서 보낸 메일이 있습니다. 스크래치에서 보낸 메일 내용 속의 링크를 클릭하면 자신이 만든 프로젝트를 공유하거나 다른 사람의 프로젝트에 댓글을 남길 수 있게 됩니다. 굳이 공유하거나 댓글을 남기길 원하지 않는다면 건너뛰어도 됩니다. '시작하기'를 클릭해봅시다.

아래 그림과 자신이 만든의 아이디로 로그인된 것을 화면의 우측 상단에서 확인할 수 있습니다.

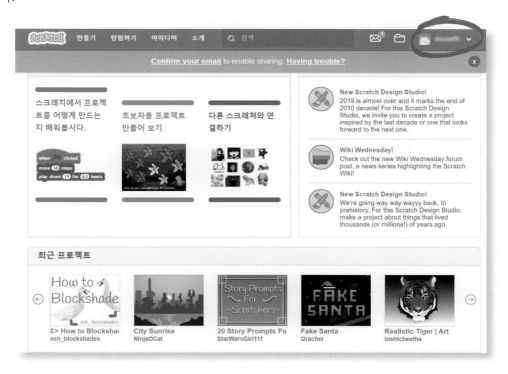

메뉴 훑어보기

먼저 화면 상단의 메뉴들 중 우리가 자주 사용하게 될 메뉴들만 알아보겠습니다(설명하지 않는 메뉴들은 궁금하면 직접 실습해보도록 합시다).

만들기   untitled라는 프로젝트를 생성하고 프로젝트를 만드는 화면으로 이동합니다.

탐험하기   다른 사람들이 만든 스크래치 작품들을 볼 수 있습니다.

🔍 검색   작품을 검색하여 찾아볼 수 있습니다.

🗀   내가 만든 프로젝트들을 목록으로 볼 수 있습니다.

🐱 ⌄   내 프로필을 확인할 수 있습니다.

기본 화면 알아보기

만들기 를 클릭하면 나타나는 스크래치 기본 화면에 대해 알아보도록 합시다. 클릭하고 조금 기다리면 다음과 같은 화면이 출력됩니다.

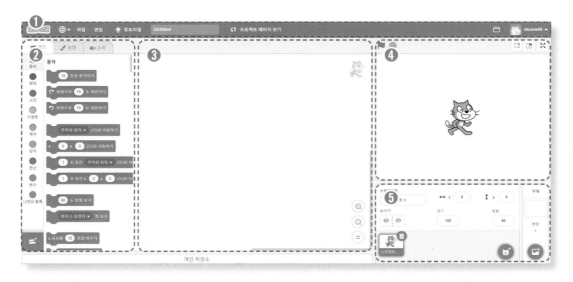

① **메뉴:** 언어 설정, 파일 저장, 새로 만들기 등 프로젝트의 기본적인 내용을 설정하는 기능들입니다. 하나씩 살펴보면 다음과 같습니다.

 스크래치의 언어 설정을 할 수 있습니다.

새로운 프로젝트를 만드는 '새로 만들기' 그리고 수동으로 프로젝트를 저장할 수 있는 '저장하기', 복사본으로 만들어 저장하는 '복사본 저장하기'가 있습니다.

스크래치 프로젝트를 컴퓨터에 저장할 수도 있으며 'Load from your computer' 기능으로 컴퓨터에 저장된 프로젝트를 불러올 수 있습니다.

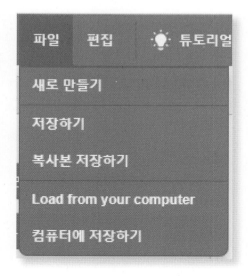

프로젝트는 처음 생성시 Untitled(제목 없음)으로 되어있습니다. 어울리는 프로젝트명을 지어줄 수 있습니다.

② **블록 모음 영역**: 코딩하는데 필요한 '블록 모음'이 있는 영역입니다. 다양한 동작이 수행되는 블록들이 마련되어 있습니다. 우리는 예제를 통해 하나씩 실습해보면서 어떤 블록들이 있는지 자세히 알아보도록 하겠습니다.

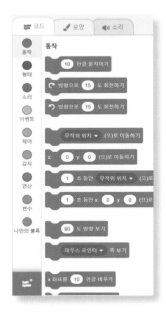

③ **코딩하는 작업 영역**: '블록 모음'에서 필요한 블록을 가져와 코딩하는 영역입니다. 이곳에서 블록을 조립할 수 있습니다. 우측 상단의 투명한 그림이 현재 누구에게(선택된 스프라이트) 코딩하고 있는지를 알려줍니다.

④ **실행화면 영역**: 프로젝트가 실행될 때 보이는 화면입니다. 이 영역에서 프로젝트 내에 추가된 개체들을 마우스로 움직여 위치를 조정할 수 있습니다. 여기서 중요한 부분은 🏳 ⬤ 이 두 가지입니다. 우리가 만든 프로젝트는 🏳을 눌러 프로젝트를 실행할 수 있고, ⬤을 눌러 프로젝트의 실행을 멈출 수 있습니다.

⑤ **스프라이트와 무대**: 스크래치에서는 프로젝트 내에서 움직일 수 있는 개체를 스프라이트라 부릅니다. 우리는 이 영역에서 스프라이트를 추가할 수 있고 선택한 스프라이트의 속성값을 수정할 수 있습니다. 그리고 오른편의 무대에서 프로젝트에 필요한 배경을 추가할 수 있습니다.

PART 03

코딩을 시작해봅시다

우선 스크래치를 사용할 때 필요한 핵심적인 기능들에 대해서만 알아보았습니다. 자세히 다루는 방법은 예제를 직접 하나씩 실습해보면서 익혀봅시다. 한번에 알려주는 건 기억에 잘 남지 않기 때문입니다. 자연스럽게 기능들을 익혀볼 수 있도록 예제들을 준비하였습니다. 잘 따라 해보면서 코딩을 배워보도록 합시다.

예제들은 크게 다음과 같은 순서로 진행됩니다.

1. 프로젝트 알아보기

어떤 프로젝트를 만들게 될 것인지 QR코드와 링크 주소를 통해 동영상으로 확인할 수 있습니다. 알고리즘이 어떻게 되는지 잘 읽어보고 계속 되새겨보면서 진행하도록 합시다.

2. 핵심 개념 설명

해당 예제를 만드는데 필요한 핵심적인 개념에 대해 자세히 설명합니다. 중요한 개념들에 대해 다루고 있으므로 자세히 읽고 이해하도록 합니다.

3. 코딩

프로젝트를 만드는 방법을 순서대로 상세히 설명합니다. 순서대로 잘 따라 만들어 보면서 스크래치에서 코딩하는 방법을 익힐 수 있습니다.

이제 본격적으로 코딩을 시작해봅시다.

프로젝트 알아보기

01

기본예제1
숲속의 곰

http://bit.ly/35yMSlc

개요

숲속의 곰을 움직여서 잼까지 찾아가게 합니다. 곰이 걸어가는 동작과 모습을 표현해보며 코딩이 무엇인지 배우게 됩니다.

알고리즘

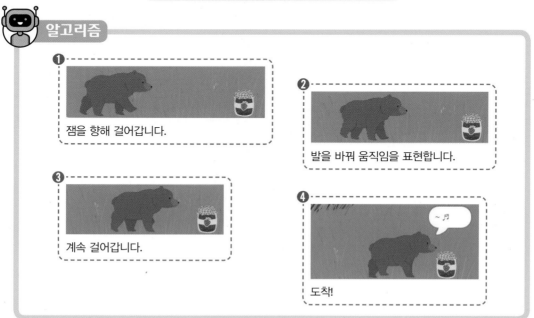

❶ 잼을 향해 걸어갑니다.

❷ 발을 바꿔 움직임을 표현합니다.

❸ 계속 걸어갑니다.

❹ 도착!

스프라이트

스프라이트

스크래치에서 스프라이트(Sprite)는 우리가 코딩하여 특정 동작을 시킬 수 있는 객체(오브젝트)를 말합니다. 소프트웨어에서 이러한 객체를 오브젝트란 단어로 많이 사용하지만, 스크래치에서 스프라이트란 단어로 사용하는 이유는 바로 게임에서 사용하는 단어이기 때문입니다.

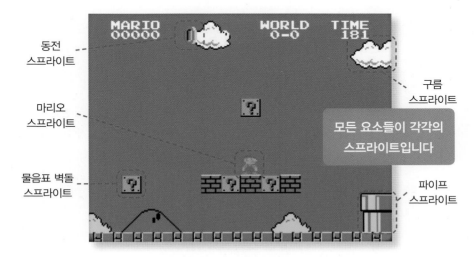

비디오 게임이 탄생했을 무렵, 게임 내에서 움직이거나 움직일 수 있는 대상을 스프라이트라고 불렀습니다. 당시의 게임들은 2D 방식, 픽셀 형태의 단순한 게임들이었습니다. 오늘날까지도 여전히 2D 게임 내 캐릭터나 아이템들은 스프라이트라 부르고 있습니다.

그래서 왜 스크래치에선 스프라이트라 할까?

스크래치는 코딩을 가르치기 위한 교육용 소프트웨어입니다. 따라서 아주 어린 학생들부터 성인들까지 모두가 배울 수 있도록 쉽게 만들어졌습니다. 그러므로 재밌는 주제가 될 수 있는 게임이나 애니메이션을 쉽게 만들어 볼 수 있도록 하고 있습니다. 그렇기 때문에 무언가 움직여지거나 하는 그래픽적 객체를 스크래치에서는 '스프라이트'라고 합니다.

Sprite는 '개구쟁이 요정'이라는 뜻입니다.

순차란 정말 간단히 말하자면 "순서대로"라는 의미입니다. 프로그램, 즉 소프트웨어는 정해진 명령들이 순서대로 동작하는 구조입니다. 물론 복잡한 알고리즘이 쓰이기도 하지만 간단하게 말하자면 '**순차 구조**(Sequential Structure)'라고 할 수 있습니다.

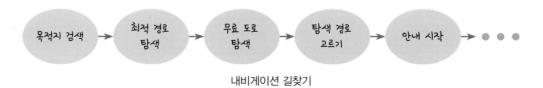

내비게이션 길찾기

"모든 일에는 순서가 있다."라는 칸트의 말처럼 순차란 아주 간단하지만 제일 중요한 개념입니다.

스크래치에서는 명령 블록들을 순서대로 조립하여 코딩하게 됩니다. 생각하는 것을 만들고자 할 때 반드시 순서대로, 순차대로 해야한다는 것을 생각하며 코딩을 해봅시다.

만들기 시작

스크래치에 접속하여 페이지 최상단 메뉴에서 '만들기'를 클릭합니다.

다음과 같은 화면이 출력되면서 고양이가 한마리가 기본으로 나타납니다. 고양이가 바로 앞서 설명했던 '스프라이트' 중 하나이고 우리는 스프라이트 각각에 코딩하게 됩니다. 먼저 이고양이를 이용해서 기본적인 사항을 배워봅시다.

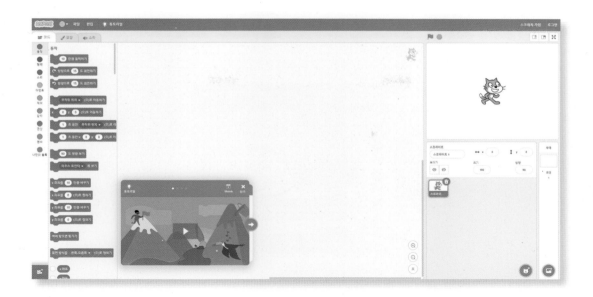

움직이기

`10 만큼 움직이기` : 설정한 수치만큼 바라보는 방향으로 이동합니다.

① 첫 코딩을 시작하기 전에 '숲속의 곰' 프로젝트에서 사용되는 블록들의 사용법부터 알아보겠습니다.

`10 만큼 움직이기` 블록은 '동작' 블록 모음의 최상단에 있습니다.

② 먼저 스크래치를 시작할 때 필요한 블록인 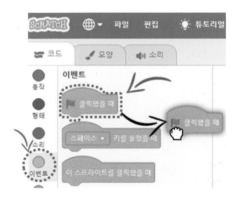 를 드래그하여 작업 영역으로 가져옵니다.

③ 10 만큼 움직이기 블록을 마우스로 드래그하여 작업 영역으로 옮겨와서 🏳클릭했을때 밑으로 이어붙입니다.

④ 화면에서 실행 영역의 왼쪽 상단에 있는 초록색 깃발을 눌러 실행시켜봅시다.

고양이가 아주 조금 앞으로 움직이는 것을 확인할 수 있습니다.

스프라이트를 프로젝트에 삽입할 때, 기본 방향이 90°
로 설정되어 있습니다. 그렇기 때문에 블
록을 이용해 움직여보면 항상 오른쪽 방향으로 이동
하게 됩니다. 스프라이트는 바라보는 방향 쪽으로 이
동하므로 원하는 방향을 조절하여 이동 방향을 정할
수 있습니다.

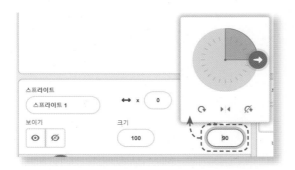

스프라이트의 방향은 스프라이트를 중심으로 360°회전이 됩니다.
여러 방향으로 바꿔 스프라이트를 이동시켜보세요.

모양 바꾸기 1

먼저 스프라이트의 '모양'에 대해서 알아보겠습니다. 왼쪽 상단의 '코드', '모양', '소리' 탭 들
중, 모양 탭을 눌러봅시다. 그러면 아래와 같은 화면이 나오게 됩니다.

왼쪽 영역(❶)은 이 스프라이트가 가지고 있는 모양들이 목록으로 보여집니다. 오른쪽 영역
(❷)은 선택한 모양을 편집할 수 있는 화면입니다. 지금 중요하게 알아 볼 부분은 왼쪽 영역
입니다.

스프라이트가 가지고 있는 모양들이 왼쪽의 그림처럼 리스트 형태로
보이게 됩니다. 캐릭터의 걷는 동작과 같은 움직임을 표현하기 위해, 마
치 애니메이션의 모션을 하나씩 그려내듯이 각각의 모양을 추가할 수
있습니다. 기본적으로 스크래치에서 사용할 수 있는 스프라이트들은 다
양한 모양을 가지고 있습니다. 이를 활용하여 다양한 아이디어를 코딩
으로 만들어 봅시다.

모양을 모양2 ▾ (으)로 바꾸기 : 선택한 모양으로 변경합니다.

모양을 모양2 ▾ (으)로 바꾸기 블록은 '형태' 블록 모음에 있습니다.
이 블록으로 스프라이트가 가지고 있는 다른 모양으로 변경할
수 있습니다.

모양 1   모양 2

'모양 바꾸기' 블록을 통해서 스프라이트를 걷는 모습, 달리는 모습 등 움직임을 표현하거나,
아래 그림과 같이 스프라이트의 여러 가지 상태들을 표현할 수 있습니다.

움직일 때   게임오버   클리어

기다리기

1 초 기다리기 : 설정한 시간만큼 기다린 뒤 다음 블록을 실행합니다.

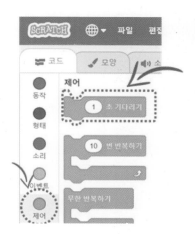

1 초 기다리기 블록은 제어 블록 모음에 있습니다. 컴퓨터는 우리가 만든 명령들을 굉장히 **빠른** 속도로 실행하게 됩니다. 100개, 1,000개의 블록도 눈 깜짝할 사이에 실행할 만큼 **빠르기** 때문에, 만약 우리가 특정 부분에서 기다릴 필요가 있다면 이 블록을 사용하여 얼마 동안 기다린 후 다음 블록을 실행할 수 있습니다.

말하기

안녕! 말하기 : 설정한 텍스트를 말풍선으로 '계속' 말합니다.

말하기 블록들은 '형태' 블록 모음의 최상단에 있습니다. 설정한 텍스트를 스프라이트가 말풍선으로 말하게 됩니다.

안녕! 을(를) 2 초 동안 말하기 는 앞서 설명한 '기다리기'와 결합된 말하기 블록입니다. 설정한 텍스트를 말풍선으로 출력하며 설정한 시간 동안 말풍선이 유지되다가 사라집니다. 또한, **설정한 시간만큼 기다린 뒤 다음 블록을 실행**하게 됩니다.

STEP 01 → 스프라이트 추가

작업 화면의 우측 하단에 있는 '스프라이트 고르기'를 클릭합니다. Bear-walking 스프라이트와 Jar 스프라이트를 추가합니다.

Bear-walking

Jar

STEP 02 → 배경 추가

작업 화면의 우측 하단에 있는 '배경 고르기'를 클릭한 다음 Forest 스프라이트를 배경으로 추가합니다.

Forest

고양이는 삭제 버튼을 눌러 없애주세요!

STEP 03 → 스프라이트 위치 설정

스프라이트들을 왼쪽 그림과 같은 위치로 드래 그하여 옮겨 줍니다. 정확한 위치와 크기는 아래와 같습니다.

곰은 크기를 50으로 줄여서 작게 만듭니다.

곰:

잼:

STEP 04 → **곰 스크립트 작성**

① 시작하면 곰이 잼까지 걸어가야 합니다. 우선  블록을 작업 화면으로 가져다 놓습니다. 다음으로 블록을 아래에 붙여줍니다. 그리고 모양을 bear-walk-b ▼ (으)로 바꾸기 블록을 가져와 그 아래에 연결합니다.

② 이렇게 하면 한 걸음이 완성됩니다. 걷는 동작은 이 두 코드가 계속해서 동작해야 합니다. 10 만큼 움직이기 블록에 마우스를 올리고 우클릭을 해봅시다.

③ 오른쪽 그림처럼 출력되는 메뉴 항목에서 '복사하기'를 클릭합니다. 그러면 움직이기와 모양 바꾸기 블록이 복사됩니다. 3회 복사하여 아래에 연결해줍니다. 모양들도 순서대로 bear-walk-c, bear-walk-d, bear-walk-e로 바꿔줍니다.

스크래치에서 코드 복사는 마우스 포인터가 있는 블록이 시작 위치가 되어 아래의 모든 코드를 복사하게 됩니다.

④ 초록 깃발을 눌러서 실행시켜봅시다. 곰이 걸어가는 모습이 보이시나요? 발을 바꿔가며 걸어가는 게 아니라 마치 한 걸음만 걸어간 듯한 모습이 보였을 것입니다.

보지 못함…　　보지 못함…

bear-walk-b　　bear-walk-c　　bear-walk-d　　bear-walk-e

앞서 설명했던 대로 프로그램의 동작은 순차 개념에 따라 순서대로 실행이 됩니다. 분명 컴퓨터는 순서대로 실행했지만 우리는 곰이 발을 바꿔 걸어가는 것을 볼 수가 없었을 뿐입니다.

컴퓨터에서 모든 프로그램의 명령은 우리가 인지할 수 없는 속도로 처리가 됩니다. 스크래치로 작성한 우리의 코드도 굉장히 빠른 속도로 실행이 되어 곰은 열심히 발을 바꿔가며 움직였으나 우리는 그 중간 과정을 볼 수가 없었던 것입니다.

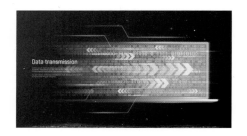

⑤ 움직임을 볼 수 있도록 하기 위해선 바로 `1 초 기다리기` 블록을 사용해야 합니다. '이동하기', '모양 바꾸기' 다음으로 잠시 기다려야 곰이 움직이는 모습을 볼 수 있게 됩니다.

`1 초 기다리기` 블록의 값을 0.5초로 수정해봅시다.

⑥ 제일 처음의 모양 바꾸기 다음으로 '기다리기' 블록을 끼워줍니다. 자연스럽게 블록과 블록사이로 결합이 됩니다. 오른쪽 그림처럼 기다리기 블록을 삽입시켜줍니다. 그런 다음 다시 초록 깃발을 눌러 실행을 시켜보세요. 곰이 발을 바꿔 움직이는 모습을 잘 볼 수 있습니다.

여기서 한 가지 문제가 있습니다. **실행이 끝나도 곰이 처음 위치로 돌아가지 않습니다.** 스크래치는 항상 마지막 **실행이 끝난 지점에서 멈추도록** 만들어져 있습니다. 초기 위치가 필요한 지금과 같은 상황에서는 초록 깃발을 눌러 실행했을 때 처음 설정한 위치로 돌아가도록 코딩을 해주어야 합니다.

❼ 동작 블록 모음에서 다음 블록을 찾아 값을 다음과 같이 수정해줍니다. 스크래치는 '좌표' 기반으로 되어있습니다. 해당 블록은 설정한 좌표 값의 위치로 스프라이트를 이동시켜줍니다.

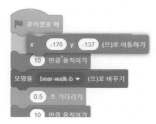

이 블록을 맨 첫 부분에 끼워 넣어줍니다. 이렇게 해주면 시작할 때마다 처음 위치로 곰이 돌아간 후 움직이게 됩니다.

❽ 곰은 bear-walk-h까지 총 8개의 모양을 가지고 있습니다. 순서대로 모양을 바꿔서 자연스러운 움직임을 보일 수 있도록 나머지도 코딩합시다.

❾ 잼 앞에 도착한 곰이 좋아하는 표현을 해봅시다. 마지막으로 안녕! 을(를) 2 초 동안 말하기 블록을 가져와 "Yummy~!"로 텍스트를 수정한 뒤 연결해줍니다.

숲속의 곰 프로젝트가 완성되었습니다. 상단의 프로젝트 이름을 적는 칸에 '숲속의 곰'이라고 적어준 뒤 키보드의 Enter키를 누르면 변경된 이름으로 프로젝트가 저장됩니다.

이제 폴더 아이콘을 눌러봅시다.

내 작업실에 방금 만든 '숲속의 곰' 프로젝트가 잘 저장되어 있는 것을 볼 수 있습니다. 이처럼 우리가 만든 프로젝트들은 모두 작업실에 저장됩니다. 기본적으로 스크래치는 자동저장 방식이기 때문에 한 번 만든 프로젝트는 삭제하지 않는 이상 모두 여기에 저장됩니다.

Bear-walking

02

기본예제2
숲속의 곰과 마녀1

http://bit.ly/2rxrqoA

개요

잼 까지만 가던 곰을 계속 돌아다니도록 만들어 봅니다. 마녀 스프라이트를 추가하여 마우스를 따라 다니도록 만들어 봅니다.

알고리즘

🚩 **클릭했을 때**

1. 곰이 좌우로 계속 움직인다.
2. 만약 마녀에 닿으면 크기가 작아진다.
3. 만약 마녀에 닿으면 색이 변한다.

🚩 **클릭했을 때**

마우스를 계속 따라 다닌다.

모양 바꾸기 2

다음 모양으로 바꾸기 : 스프라이트의 모양 리스트에서 다음 순서의 모양으로 변경합니다.

현재 모양을 스프라이트가 가지고 있는 모양 들 중 바로 다음 모양으로 변경합니다. 그리고 만약 **스프라이트의 마지막 모양에서 이 블록을 실행하게 되면 처음 모양으로 돌아갑니다.** '다음 모양 바꾸기' 블록과 반복하기를 함께 사용하면 캐릭터의 걷는 모습, 뛰는 모습 등 반복적으로 움직이는 모습을 표현하기에 유용합니다.

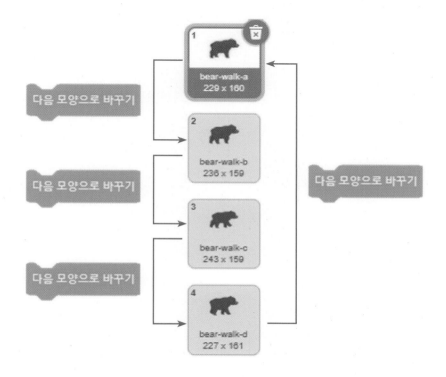

반복하기

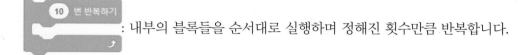

10 번 반복하기 : 내부의 블록들을 순서대로 실행하며 정해진 횟수만큼 반복합니다.

무한 반복하기 : 내부의 블록들을 순서대로 실행하며 무한히 반복합니다.

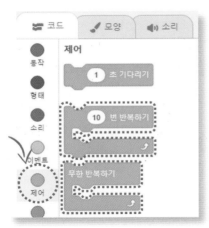

반복하기 블록들은 코드의 흐름을 제어하기 때문에 '제어' 블록 모음에 있습니다. 반복하기 내부에 작성된 코드들을 순서대로 동작시키며 이를 정해진 횟수 또는 무한 반복합니다.

'반복' 개념은 반복되는 알고리즘을 단순화하여 표현할 수 있기에 소프트웨어에서 가장 중요한 개념 중 하나입니다. 순차와 함께 기본이 되는 핵심 개념이기도 합니다.

곰 스크립트에 반복을 적용해보기

앞서 우리가 순서대로 동작하도록 코딩했던 곰에 반복하기를 적용해보겠습니다. 먼저 작업실에서 '숲속의 곰' 프로젝트의 스크립트 보기를 눌러 프로젝트를 다시 불러오도록 합시다.

우선 첫 번째 걸음을 표현했던 코드만 남기고 이후 코드를 분리하여 손에 쥐고(클릭하고 드래그) 있도록 합니다.

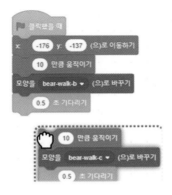

그대로 쭉 드래그하여 왼쪽의 블록 모음 위에서 손을 놓도록 합니다. 스크래치에서는 이와 같은 방법으로 삭제하고 싶은 블록들을 모두 한꺼번에 삭제할 수 있습니다.

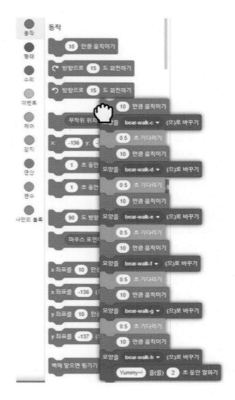

모양을 bear-walk-b ▼ (으)로 바꾸기 블록을 다음 모양으로 바꾸기 블록으로 교체하기 위해 모양 바꾸기 블록에서 마우스 우클릭을 하면 출력되는 메뉴에서 블록 삭제하기를 눌러줍니다.

다음과 같이 모양을 bear-walk-b ▼ (으)로 바꾸기 블록만 삭제됩니다.

를 드래그해온 뒤 오른쪽 그림처럼 블록들 사이로 삽입해줍니다. 그러면 자연스럽게 결합됩니다.

블록을 그림처럼 드래그하면 걸음을 표현하는 알고리즘이 반복하기 안으로 들어갑니다.

반복하기 횟수를 7으로 변경하여 곰이 가진 모양을 모두 한 번씩 바꿔 걸어가도록 해봅시다.

앞서 작성했던 스크립트와 비교해봅시다. 반복하기를 사용함으로써 길었던 코드가 단 5블록 만으로 표현되었습니다. 이처럼 반복하기는 코딩에서 알고리즘을 보다 단순화하여 나타낼 수 있는 중요한 개념입니다.

수정한(반복 사용)코드   앞서 작성했던 코드

코딩

STEP 01 → 곰 스프라이트 수정

이번 코딩은 앞에서 만들었던 '숲속의 곰' 프로젝트에서 이어서 진행하면서 업그레이드해봅시다.

① 우선 곰 스크립트부터 수정해보도록 합시다. 반복하기 개념을 설명할 때 적용했던 코드를 변경시켜봅시다. 반복하기 안의 움직임을 표현한 코드를 빼내어 적당한 위치에 잠시 옮겨 놓습니다.

② 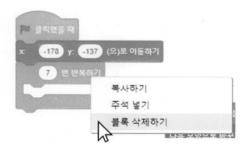 에서 마우스 우클릭을 한 뒤 블록 삭제하기로 지워줍니다.

③ 로 교체한 후 잠시 옮겨 놓았던 코드를 넣어줍니다. 그런 다음 기다리기 블록의 값을 0.1초로 변경합니다.

를 클릭하여 실행해봅시다. 곰이 앞으로 계속 가게 되고, 벽을 넘어서도 계속 움직이고 있는 것을 볼 수 있습니다. 확인하였으면 을 눌러 프로젝트를 정지합니다.

곰이 화면 끝에 닿으면 반대로 움직여 계속 이동할 수 있도록 해봅시다.

'동작' 블록 모음의 아래쪽에 벽에 닿으면 튕기기 란 블록이 있습니다. 이 블록은 스프라이트가 벽(화면 끝)에 닿게 되면 스프라이트의 방향을 반대로 돌려줍니다. "벽에 닿으면"이란 조건이 있기 때문에 벽에 닿아야만 스프라이트를 반대로 돌려줍니다.

앞서 설명했듯이 컴퓨터는 모든 코드를 순차적으로 실행합니다. 이 블록도 매번 실행을 하지만 '벽에 닿아야만' 반대로 회전을 시키게 됩니다.

④ 다음과 같이 벽에 닿으면 튕기기 블록을 맨 아래에 붙여줍니다.

화면 끝에 닿게 되면 반대로 움직이지만, 곰의 머리가 땅으로 향한 채로 움직이게 됩니다.

스크래치에서 스프라이트를 회전시킬 때, 3가지 종류의 회전 방식이 있습니다.

↻ 360° 회전   ▶◀ 좌우로 뒤집기(왼쪽-오른쪽)   ⊘ 회전 안 함

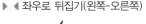

▶◀ 방식을 선택해주고 방향을 90°로 수정해줍니다. 그런 다음 실행해보면 곰이 양쪽으로 계속 오가는 것을 확인할 수 있습니다. 벽에 닿으면 튕기기 블록은 실행되면 스프라이트를 180°만큼 회전을 시킵니다.

↻의 경우엔 원래 방향이 90°였다면 270°가 되고, ▶◀의 경우엔 좌우로 뒤집기 때문에 90°였다면 −90°가 됩니다.

STEP 02 → 마녀 스크립트 작성

Witch 스프라이트를 프로젝트에 추가해줍니다. 그런 다음 곰과 겹치지 않게 적당한 위치로 옮긴 다음 크기 값을 50으로 수정합니다.

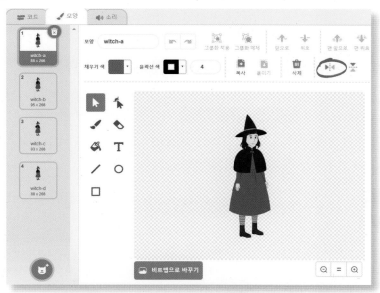

그리고 모양 탭에서 witch-a 모양을 좌우 뒤집기를 하여 왼쪽을 보도록 만들어줍니다.

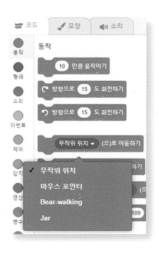

마녀 스프라이트는 마우스를 '계속' 따라다녀야 합니다. 동작 블록 모음에 특정 스프라이트로 이동하는  블록이 있습니다.

이 블록을 사용하여 프로젝트 내 추가된 스프라이트들이나 '마우스 포인터', '무작위 위치'로 이동할 수 있습니다.

① 다음과 같이 코딩한 뒤 실행해봅시다.

시작하자마자 마녀가 깃발 쪽으로 이동하고 마우스를 따라다니지는 않습니다. 앞서 강조했던 대로 코드는 순차적으로 실행하고 마무리

합니다. 해당 코드는  하나이기 때문에 마녀는 마우스 위치로 한번만 이동하게 됩니다. 시작을 누르는 순간 마우스의 위치가 깃발 쪽이기 때문에 그곳으로 이동하게 되는 것입니다.

② 를 끌어와 자연스럽게 를 감싸 주면 오른쪽 그림처럼 코딩이 됩니다.

Witch

▶ 클릭했을 때

무한 반복하기

　마우스 포인터 ▼ (으)로 이동하기

Bear-walking

▶ 클릭했을 때

x: -178 y: -137 (으)로 이동하기

무한 반복하기

　10 만큼 움직이기

　다음 모양으로 바꾸기

　0.1 초 기다리기

　벽에 닿으면 튕기기

03

기본예제3

숲속의 곰과 마녀2

http://bit.ly/33lB3nd

개요

곰이 더욱 빠르게 돌아다니도록 하고, 마녀와 닿게 되었을 때 곰과 마녀에게 변화를 주어 프로젝트를 보다 생동감 있게 만들어 봅니다.

알고리즘

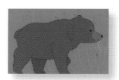

🚩 **클릭했을 때**

1. 곰이 좌우로 계속 움직인다.
2. 만약 마녀에 닿으면 크기가 작아진다.
3. 만약 마녀에 닿으면 색이 변한다.

🚩 **클릭했을 때**

1. 마우스를 계속 따라 다닌다.
2. 만약 곰에 닿으면 모양을 바꾼다.

 : 조건에 따라 코드를 실행합니다.

소프트웨어가 동작하는 데 있어 핵심은 순차, 반복 그리고 마지막으로 선택입니다. 선택을 통해서 특정 조건이 맞을 때만 다른 알고리즘을 동작시켜 다양한 경우를 표현할 수 있게 됩니다. 우리가 익히 알고 있는 수많은 앱, 소프트웨어들의 코드(스크립트)엔 반복과 함께 선택 개념이 필수로 사용되고 있습니다. 그만큼 중요하기 때문에 반복하기와 함께 잘 알아둘 필요가 있습니다. 간단한 예를 통해서 선택 개념을 알아보도록 하겠습니다.

앞서 사용해봤던 벽에 닿으면 튕기기 블록을 자세히 알아봅시다. 이 블록은 실행하지 않는 게 아니라, **"매번 실행하지만, 벽에 닿지 않으면 동작하지 않는다."**라고 설명하였습니다.

벽에 닿으면 튕기기 를 '선택하기'를 사용해서 표현해보겠습니다.

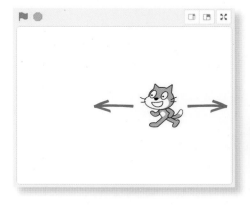 새로 만들기를 하고 고양이에게 다음과 같이 코딩해 줍니다. 그리고 오른쪽 그림과 같이 방향도 좌우 뒤 집기로 변경해줍니다.

실행해보면 고양이가 좌우로 계속 다니는 것을 확인할 수 있습니다. 앞서 배운 벽에 닿으면 튕기기 블록이 '벽에 닿는' 조건이 되면 반대로 회전시키는 알고리즘을 실행하고 있는 겁니다.

 블록을 사용해서 똑같은 동작이 되도록 변경해보도록 하겠습니다. 우선 작업 영역의 아무 곳에 가져다 놓습니다.

선택 블록의 ⟨ ⟩ 부분엔 육각형 형태의 블록만 넣을 수 있습니다. 또한, 선택이란 개념은 "특정 조건을 달성했는가?"라는 의미이기도 합니다. 그 조건을 표현한 블록들은 '감지'와 '연산' 블록 모음에 있습니다.

우선 감지 블록 모음으로 이동하여 맨 위에 있는

를 가져와 블록과 결합하고 아래처럼 '마우스 포인터'가 아닌 '벽'으로 바꿔줍니다.

선택 블록에 감지 블록을 결합하는 방법을 더 자세히 설명하면, 아래 그림처럼 감지 블록의 앞부분이 육각형에 들어가도록 드래그해야 합니다. 끼워질 수 있게 되면 하얀 테두리로 표시가 됩니다.

앞서 벽에 닿으면 튕기기 블록은 벽에 닿게 되면 스프라이트를 180°회전 시키는 것이라고 하였습니다. 따라서 스프라이트를 회전시킬 수 있는 블록이 필요합니다.

동작 블록 모음에서 ↻ 방향으로 15 도 회전하기 를 가져와 다음과 같이 조립해줍니다. 스프라이트가 벽에 닿게 되면 180°회전해야 하기 때문에 값을 180으로 변경합니다.

완성된 선택문 코드를 벽에 닿으면 튕기기를 삭제한 후 결합해줍니다. 최종적으로 오른쪽과 같은 코드가 완성됩니다. 그런 다음 실행해보면 앞에서 벽에 닿으면 튕기기을 이용해서 만든 코드와 똑같이 동작하는 것을 확인할 수 있습니다.

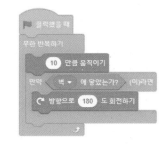

벽에 닿으면 튕기기 블록은 사용하기 편하게 만들어 놓았을 뿐, 그 내부 구조는 우리가 만든 알고리즘과 똑같습니다. 1장에서부터 계속해서 순차 개념에 대해 강조하고 있습니다. 이 부분도 마찬가지로 코드는 순차적으로 실행되고 있었음을 의미합니다. 벽에 닿았을 땐 180°회전을 시키지만, 벽에 닿지 않았을 땐 아무것도 하지 않았을 뿐이었던 것입니다.

지금 배운 선택이란 개념으로 소프트웨어를 만들 때 여러 가지 상황에 맞춰 동작하도록 구현할 수 있습니다.

이제 숲속의 곰과 마녀 프로젝트에 선택 개념을 적용하여 업그레이드해봅시다.

코딩

STEP 01 → 곰 스프라이트 수정

이번 코딩도 역시 숲속의 곰과 마녀1에 이어서 진행합니다. 우선 곰 스프라이트를 먼저 코딩해봅시다.

곰의 알고리즘

❶ 곰이 좌우로 계속 움직인다.

❷ 만약 마녀에 닿으면 크기가 작아진다.

❸ 만약 마녀에 닿으면 색이 변한다.

① 먼저 곰이 좀 더 빨리 다니도록 0.1 초 기다리기 를 삭제합니다.

> 🤖 **블록을 찾을 때 팁**
> 우리가 지금 해야할 행위의 개념을 생각하고 해당 카테고리를 찾으면 쉽게 블록을 찾을 수 있습니다. 지금처럼 크기를 변화해야 할 땐 '크기'와 연관이 있는 '형태' 블록에 있지 않을까?라고 생각하고 찾을 수 있는 것처럼 말입니다.

다음으로 마녀에 닿으면 크기가 작아지도록 해봅시다. '형태' 블록 모음에 크기를 바꿀 수 있는 2개의 블록이 있습니다.

크기를 10 만큼 바꾸기

크기를 100 %로 정하기

필요한 것은 크기를 10 만큼 바꾸기 블록입니다. 이 블록은 스프라이트의 크기 속성값을 설정한 값만큼 계속 더해나가게 됩니다.

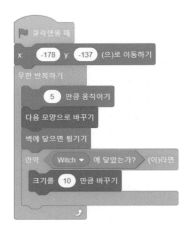 를 마녀에 닿게 되었을 때 동작하도록 해봅시다.

② 앞서 배웠던 선택 블록으로 다음처럼 코딩해줍니다. "만약 마녀에 닿았으면 크기를 10만큼 바꿔라."라는 명령이 완성됩니다. 이제 실행하여 마녀와 곰이 닿도록 해봅시다.

 1초가 채 되지 않는 아주 짧은 순간 동안 순식간에 곰이 커져 화면을 꽉 채우게 됩니다. 컴퓨터가 코드(우리가 만든 명령)를 수행하는 속도가 엄청나게 빠르므로 짧은 시간 동안 여러 번 크기를 10씩 더해나가 결국 화면을 꽉 채우게 되는 것입니다(스크래치에선 화면을 꽉 채우게 되면 더이상 커지지 않습니다).

 곰이 커지면서 달라진 크기 값과 방향값을 원래 값으로 수정해줍니다. x, y 값은 변경하지 않아도 됩니다. 제일 처음 동작하는 블록으로 인해 항상 처음 위치로 돌아가기 때문입니다.

③ 크기를 50 %로 정하기 블록을 가져와 초기 값으로 설정될 수 있도록 다음처럼 연결해줍니다. 곰은 이제 항상 시작할 때마다 처음 위치로 돌아가고 변화되었을 크기 값을 50%로 정하게 됩니다.

 그리고 크기가 커지는 게 아니라 천천히 작아지도록 값을 바꿔줍니다.

 그런 다음 실행해봅시다. 곰이 천천히 작아지는 것을 확인할 수 있습니다.

이제 마녀와 닿게 되었을 때 색이 변하도록 해봅시다. 색이 변화한다는 것은 곰의 형태에 변화가 오는 것이기 때문에 '형태' 블록 모음에서 관련 블록을 찾아봐야 합니다.

 색깔 블록도 크기처럼 "만큼 바꾸기"와 "(으)로 정하기" 두 가지 블록이 있습니다. 여기서 확실히 생각해두어야 하는 것은 "만큼"이란 단어가 붙은 블록은 그 값을 "계속해서 더해나간다"는 뜻이라는 것입니다.

④ 마녀에 닿을 때마다 색이 계속 바뀌어야 하므로 여기서도 [색깔 ▾ 효과를 25 만큼 바꾸기] 블록이 필요합니다. 크기 바꾸기 블록 다음으로 결합하고 곰 스프라이트의 업그레이드를 완료합니다.

STEP 02 → **마녀 스프라이트 수정**

이어서 마녀 스프라이트도 수정합니다.

마녀의 알고리즘

❶ 마우스를 계속 따라다닌다.

❷ 만약 곰에 닿으면 모양을 바꾼다.

알고리즘의 2번을 더욱 자세히 풀어서 보면 마녀는 곰에 닿았을 때, 마법을 쓰는 듯한 모습으로 바뀌고 닿지 않게 되면 원래 모습으로 돌아와야 합니다.

먼저 모양 탭으로 가서 3번째 모양을 '좌우 뒤집기'로 1번 모양과 마찬가지로 왼쪽을 바라보도록 해줍니다. 현재 스프라이트 모양은 벡터 방식으로 되어있습니다.

3번 모양인 witch-c의 팔과 다리를 적당히 회전시켜 다음 모양처럼 역동적인 모습이 되도록 표현해봅시다. 모양을 수정하고 꼭 1번 모양을 다시 클릭하여 기본 모양이 되도록 설정해야 합니다.

❶ 모습이 표현되었으므로 이제 코딩을 해봅시다. 곰에 닿았을 때 모습이 변하도록 다음과 같이 코딩해봅시다. 그리고 실행을 시켜봅시다.

벡터(Vector)란 이미지 표현 기법 중 하나입니다.

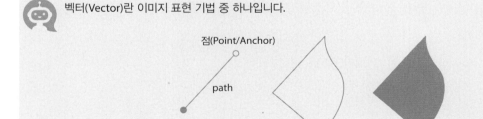

점(Point/Anchor)

path

점과 점을 이어 선을 만들고   선과 선을 이어 면을 만들고   색을 채우거나 하여 표함

벡터 방식은 점을 좌표 체계(X,Y)를 바탕으로 하여 나타냅니다. 이 점들을 이어 선(path)을 그리고 그 선들이 이어져 면을 만듭니다(이 선들에 곡률을 표현하기도 합니다). 그리고 만들어진 면 안에 색을 채워 넣는 방식으로 이미지를 그려냅니다. 크기를 키워도 좌표를 더 멀게 만들고 또 색을 채워 넣기 때문에 이미지가 깨지지 않습니다. 대표적으로 어도비의 일러스트레이터 소프트웨어가 벡터 방식으로 이미지를 표현합니다.

몸보다 머리를 계속 크게 키워봐도 절대로 이미지가 깨져 보이지 않습니다. 벡터 방식의 장점이 바로 이런 점입니다.

곰에 닿게 되면 witch-c 모양으로 잘 바뀝니다. 그러나 곰에서 다시 떨어져도 원래 모양으로 돌아가지 않습니다.

코드에 닿았을 때 모양을 바꾸는 조건문만 있고 아닐 경우는 표현이 되지 않았기 때문입니다. 여기서 다른 모양의 선택 블록이 필요합니다.

'제어' 블록 모음의 아래에 블록이 있습니다. 이 블록은 항상 둘 중 한 가지를 실행하는 블록입니다.

다음과 같이 코딩을 하고 마녀 스크립트 수정을 완료합니다.

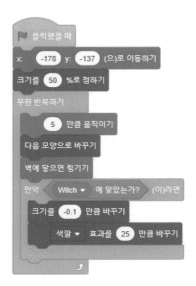

Bear-walking

```
클릭했을 때
x: -178 y: -137 (으)로 이동하기
크기를 50 %로 정하기
무한 반복하기
    5 만큼 움직이기
    다음 모양으로 바꾸기
    벽에 닿으면 튕기기
    만약 Witch ▼ 에 닿았는가? (이)라면
        크기를 -0.1 만큼 바꾸기
        색깔 ▼ 효과를 25 만큼 바꾸기
```

Witch

```
클릭했을 때
무한 반복하기
    마우스 포인터 ▼ (으)로 이동하기
    만약 Bear-walking ▼ 에 닿았는가? (이)라면
        모양을 witch-c ▼ (으)로 바꾸기
    아니면
        모양을 witch-a ▼ (으)로 바꾸기
```

업그레이드하기

다양한 조건 설정하여 변경해보기

우리는 이번 장에서 조건을 배웠습니다. 현재 곰은 마녀에 닿게 되면 크기와 색상이 변하고, 마녀는 곰에 닿았을 때 마법을 쓰는 듯한 모습으로 변하고 있습니다. 자신만의 아이디어를 추가하여 여러 가지 변화를 표현해보도록 합시다.

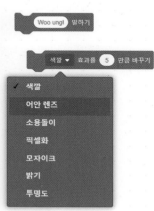

04
프로젝트 알아보기

기본예제4
유니콘 움직이기

http://bit.ly/2R364tW

개요

키보드 방향키로 유니콘을 움직여봅니다. 방향키 입력이라는 '이벤트'가 발생했을 때 동작하도록 코딩해봅니다.

 알고리즘

위쪽 방향키를 눌렀을 때

1. 위쪽을 바라본다.

2. y좌표를 증가한다.

3. 다음 모양으로 바꾼다.

왼쪽 방향키를 눌렀을 때

1. 왼쪽을 바라본다.

2. x좌표를 감소한다.

3. 다음 모양으로 바꾼다.

오른쪽 방향키를 눌렀을 때

1. 오른쪽을 바라본다.

2. x좌표를 증가한다.

3. 다음 모양으로 바꾼다.

아래쪽 방향키를 눌렀을 때

1. 아래쪽을 바라본다.

2. y좌표를 감소한다.

3. 다음 모양으로 바꾼다.

이벤트

이벤트라는 단어에는 "어떤 일이 발생하다."라는 뜻이 있습니다. 소프트웨어에서의 이벤트는 이 의미와 아주 가깝습니다. 컴퓨터를 사용하면서 우리는 소프트웨어를 실행시키기 위해 "마우스를 클릭"합니다. 또는 특정 사이트에 로그인하기 위한 정보를 "키보드로 입력"을 합니다. "마우스 클릭", "키보드 입력" 등의 행위는 정해진 시간에 발생하는 일이 아닌, 갑자기 발생하는 이벤트와 같습니다.

스크래치에서는 이와 같은 이벤트가 발생했을 때 알고리즘을 동작시킬 수 있는 '이벤트' 블록들이 있습니다. 대표적으로 아래 3개의 이벤트 블록이 가장 자주 쓰입니다.

을 클릭했을 때 코드들이 동작하도록 합니다.

키보드의 키들을 눌렀을 때 동작하도록 합니다.

스프라이트를 클릭했을 때 동작하도록 합니다.

좌표

숲속의 곰 프로젝트를 만들면서 블록을 사용해보았습니다. 이 블록은 해당 좌표 위치로 바로 이동하도록 하였습니다. 스크래치는 2차원으로 작품을 표현합니다. 2차원은 종이와 같은 평면을 말하며 여기서 어떤 객체의 위치를 표현하기에 가장 유용한 방법이 바로 **직교 좌표계**입니다. 따라서, 스크래치에선 X, Y좌표를 이용해서 스프라이트의 위치를 표현합니다.

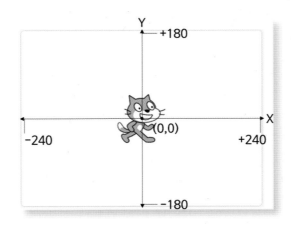

스크래치의 좌표 범위는 위 그림과 같습니다. X(–240 ~ 240), Y(–180 ~ 180) 범위 안에서 스프라이트의 위치를 표현할 수 있으며, 스프라이트의 위치가 해당 범위를 넘어갈 순 없습니다. 그 이유는 스크래치에서 상, 하, 좌, 우 맨 끝부분은 '벽'으로 정의되어 있기 때문입니다.

스프라이트를 움직일 때 설정된 방향으로 이동하는 ⬛ 10 만큼 움직이기 블록과, 특정 위치로 바로 이동하는 ⬛ 무작위 위치 ▾ (으)로 이동하기 블록 이외에 직접 좌표를 입력하여 스프라이트를 이동시킬 수 있는 블록들이 있습니다.

다음 그림과 같은 블록들이 직접 좌표를 입력해 이동할 수 있는 블록들입니다. 좌표 블록도 "만큼"이란 단어가 붙은 블록과 "정하기" 블록이 있습니다. 마찬가지로 "만큼" 블록들은 현재 값에서 계속 더해 나가는 블록입니다.

좌표 블록들을 이용해서 스프라이트의 방향과 상관없이 원하는 위치로 이동시킬 수 있습니다.

코딩

STEP 01 → 스프라이트와 배경 추가

먼저 Unicorn Running 스프라이트와 Nebula 무대를 추가합니다.

STEP 02 → 유니콘 스크립트 작성

유니콘의 알고리즘

❶ 키보드 방향키를 누른다.

❷ 해당 방향을 바라본다.

❸ 모양을 바꾸며 움직인다.

① 먼저 유니콘 스프라이트의 크기 속성값을 50으로 변경해줍니다.

'키를 눌렀을 때' 이벤트 블록을 가져와 항목 중 오른쪽 화살표를 선택합니다. 유니콘이 오른쪽으로 움직이는 것은 x좌표 값이 증가하는 것이므로 오른쪽 그림과 같이 코딩합니다. 이제 오른쪽 방향키를 누르면 유니콘이 오른쪽으로 달려가는 것을 볼 수 있습니다.

② 다음으로 왼쪽 방향키를 눌렀을 때 움직일 수 있도록 코딩해봅시다.

왼쪽은 x좌표 값이 감소해야 하므로 다음과 같이 코딩해줍니다. 그리고 왼쪽 방향키를 눌러보도록 합니다. 왼쪽으로 잘 움직이지만 유니콘은 여전히 오른쪽을 보며 뒷걸음치듯이 움직이게 됩니다.

왼쪽을 보도록 하기 위해선 회전 방식을 왼쪽-오른쪽(▶ ◀)으로 해야 합니다. 그런데 숲속의 곰 프로젝트의 곰 스크립트를 수정할 때처럼 기본 회전 방식을 바꿔버리면 위쪽과 아래쪽을 볼 수 없게 됩니다. 따라서 왼쪽과 오른쪽 방향키를 눌렀을 때만 회전 방식을 왼쪽-오른쪽으로 설정하도록 블록을 사용하여 코딩해줍니다.

③ 동작 블록의 맨 아래쪽에서 이 블록을 찾을 수 있습니다.

회전 방식을 `왼쪽-오른쪽 ▼` (으)로 정하기

④ 왼쪽 방향키 코드를 다음 그림처럼 완성시켜줍니다. 회전 방식을 왼쪽-오른쪽으로 정한 뒤, 방향을 –90°로 설정하면 자연스럽게 유니콘이 왼쪽을 보게 됩니다.

`왼쪽 화살표 ▼` 키를 눌렀을 때
x 좌표를 `-10` 만큼 바꾸기
다음 모양으로 바꾸기
회전 방식을 `왼쪽-오른쪽 ▼` (으)로 정하기
`-90` 도 방향 보기

⑤ 오른쪽 방향키 코드도 왼쪽 방향키처럼 회전 방식과 방향 보기 코드를 추가하여 완성해줍니다.

이렇게 하여 유니콘을 위쪽 또는 아래쪽으로 움직이다가 오른쪽, 왼쪽 방향키를 누르게 되면 회전 방식을 바꾸어 동작하기 때문에 자연스러운 움직임이 표현됩니다. 그럼 이제 나머지 위쪽, 아래쪽도 코딩해봅시다.

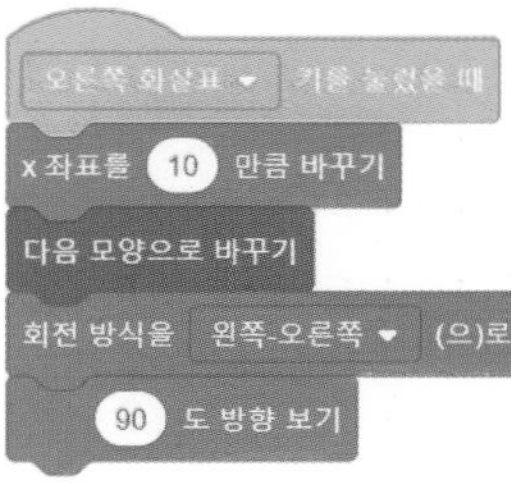

`오른쪽 화살표 ▼` 키를 눌렀을 때
x 좌표를 `10` 만큼 바꾸기
다음 모양으로 바꾸기
회전 방식을 `왼쪽-오른쪽 ▼` (으)로 정하기
`90` 도 방향 보기

⑥ 위쪽 방향키 코드는 다음과 같습니다. 스프라이트를 위쪽을 움직이기 때문에 Y좌표를 변경해야 하고, 위쪽 방향을 보도록 하기 위해선 회전 방식을 360°회전을 하는 '회전하기'로 설정해야 합니다. 그리고 0°방향을 보도록 하여 위쪽을 보도록 만들어줍니다.

`위쪽 화살표 ▼` 키를 눌렀을 때
y 좌표를 `10` 만큼 바꾸기
다음 모양으로 바꾸기
회전 방식을 `회전하기 ▼` (으)로 정하기
`0` 도 방향 보기

⑦ 아래쪽 방향키도 마저 완성을 시켜줍니다.

Y좌표값을 감소시키고 아래를 보도록 180°로 설정합니다.

`아래쪽 화살표 ▼` 키를 눌렀을 때
y 좌표를 `-10` 만큼 바꾸기
다음 모양으로 바꾸기
회전 방식을 `회전하기 ▼` (으)로 정하기
`180` 도 방향 보기

이렇게 하여 유니콘이 키보드 방향키를 눌렀을 때 해당 방향으로 움직이는 코드를 완성하였습니다.

Unicorn Ru...

위쪽 화살표 ▼ 키를 눌렀을 때
y 좌표를 10 만큼 바꾸기
다음 모양으로 바꾸기
회전 방식을 회전하기 ▼ (으)로 정하기
0 도 방향 보기

왼쪽 화살표 ▼ 키를 눌렀을 때
x 좌표를 -10 만큼 바꾸기
다음 모양으로 바꾸기
회전 방식을 왼쪽-오른쪽 ▼ (으)로 정하기
-90 도 방향 보기

오른쪽 화살표 ▼ 키를 눌렀을 때
x 좌표를 10 만큼 바꾸기
다음 모양으로 바꾸기
회전 방식을 왼쪽-오른쪽 ▼ (으)로 정하기
90 도 방향 보기

아래쪽 화살표 ▼ 키를 눌렀을 때
y 좌표를 -10 만큼 바꾸기
다음 모양으로 바꾸기
회전 방식을 회전하기 ▼ (으)로 정하기
180 도 방향 보기

업그레이드하기

다른 이벤트 사용해보기

이번 장을 통해서 방향키를 눌러 코드를 동작시킬 수 있음을 배웠습니다. 키보드의 다른 키를 눌렀을 때 유니콘에게 어떤 변화를 주어 더욱 재미있는 프로젝트로 업그레이드를 시켜봅시다.

05

기본예제5

사각형 하나로 꽃모양 만들기

http://bit.ly/2RDGnjI

개요

사각형 하나를 펜 블록 모음의 '도장 찍기' 블록을 사용해서 꽃 모양처럼 만들어 봅니다. 그리고 이번 장에서는 직접 스프라이트를 그려서 만들어봅니다.

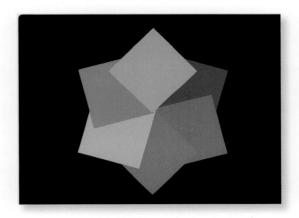

 알고리즘

> **⚑ 클릭했을 때**
>
> 1. 60°만큼 회전한다.
> 2. 색을 바꾼다.
> 3. 도장을 찍는다.
> 4. 1 ~ 3을 6번 반복한다.

확장 기능

스크래치에는 더 많은 기능을 사용할 수 있는 확장 기능이 있습니다. 이 확장 기능은 동작, 형태 등 기본 블록과는 다른 기능을 사용할 수 있습니다. 확장 기능을 사용하기 위해선 블록 모음의 맨 아래에 있는 '확장 기능 추가하기' 버튼을 클릭해야 합니다.

버튼을 클릭하면 아래와 같은 확장 기능들을 볼 수 있습니다. 음악, 펜, 비디오 감지, 텍스트 음성 변환, 번역 등 다양한 확장 기능들이 있습니다. 음악, 펜, 비디오 감지는 스크래치에서 제공하는 확장 기능이고, 그 이외에는 구글과 같은 협력사에서 제공하는 기능들입니다.

대부분 피지컬 디바이스, 교육용 장비 등과 연동해서 사용할 수 있는 기능들입니다. 이번 장에서는 스크래치에서 제공하는 확장 기능 중 가장 많이 사용하는 펜 기능을 사용해보도록 하겠습니다.

코딩

STEP 01 →
스프라이트 추가(직접 만들기)

이번 프로젝트에선 스프라이트를 직접 그려보도록 하겠습니다. 스프라이트 추가 버튼 위에 마우스를 올리면 세부 기능 메뉴가 보이게 됩니다. 그 중 그리기 메뉴를 클릭합니다.

아래와 같은 스프라이트 그리기 화면이 나옵니다. 앞서 설명했던 '벡터' 형식의 그리기 모드가 기본으로 되어있습니다.

도구들 중 '직사각형' 도구를 선택합니다.

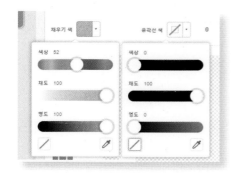

그리고 채우기 색을 원하는 색상으로 바꿔주고, 윤곽선 색은 아래의 빨간색 사선을 클릭하여 '윤곽선 없음'으로 설정합니다.

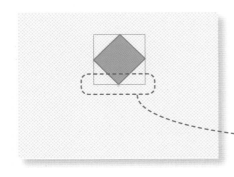

가운데 중심점보다 위쪽으로 사각형을 그려줍니다. 그리고 회전으로 모서리 부분을 중심점과 맞춰줍니다. 이렇게 그려야 하는 이유는 스프라이트가 중심점을 기준으로 회전을 하기 때문입니다.

스프라이트 그리기에서 보이는 가운데 동그란 포인트는 중심을 나타냅니다. 스프라이트는 이 중심점을 기준으로 회전을 하게 됩니다.

STEP 02 → 무대 추가(직접 만들기)

무대도 직접 그리기로 추가해보겠습니다.

채우기 색의 명도를 제일 낮게 하여 검은색으로 만들고, '윤곽선은 없음'으로 설정합니다. 그리고 직사각형 그리기로 화면을 꽉 채워줍니다.

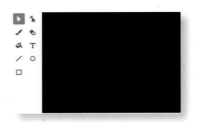

STEP 03 → 사각형 스크립트 작성

사각형의 알고리즘

❶ 키보드의 숫자 1키를 누른다.
❷ 도장을 찍는다.
❸ 60°만큼 회전한다.
❹ 색을 바꾼다.
❺ ❷~❹를 6번 반복한다.

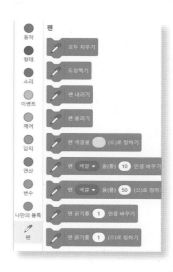

코딩을 시작하기 전에 '확장 기능 추가하기'를 통해 펜 기능을 추가하도록 합니다. 펜 기능을 간략히 설명하면 스프라이트를 마치 연필처럼 사용해 그리기를 하거나 스프라이트 모습 그대로를 도장처럼 찍을 수 있습니다. 이번 프로젝트에선 도장 찍기 블록을 사용해보도록 하겠습니다.

펜
스프라이트를 사용하여 그려 보세요.

① 알고리즘 순서대로 다음과 같이 코딩을 해줍니다. 우선 키보드 숫자 1 키를 눌렀을 때 360°회전하며 6장의 사각형을 도장으로 찍어야 합니다. 따라서 1장을 찍는 각도는 60°만큼 회전하도록 합니다.

② 반복하기 블록을 추가하여 코드를 완성합니다.

이제 12장의 사각형을 도장으로 찍는 코드를 작성해봅시다. 키보드 숫자 2 키를 눌렀을 때 동작하도록 만들어 봅시다.

③ 도장을 12장 찍어야 하므로 12번 반복해야 하고 회전 각도는 30°가 되어야 합니다. 여기까지 하여 숫자 1과 2 키를 눌렀을 때의 코드를 완성하였습니다.

핵심 알고리즘은 완성하였지만 2 키를 눌러서 12장을 그렸다가 다시 1키를 누르면 그전에 그렸던 모양이 지워지지 않고 그 위에 그려져 온전히 6장으로 보이지 않습니다.

앞부분에 를 추가하여 숫자키를 누를 때마다 이전에 찍었던 도장을 모두 지우도록 하여 프로젝트를 마무리합니다.

스프라이트…

1 ▼ 키를 눌렀을 때
모두 지우기
6 번 반복하기
도장찍기
방향으로 60 도 회전하기
색깔 ▼ 효과를 30 만큼 바꾸기

2 ▼ 키를 눌렀을 때
모두 지우기
12 번 반복하기
도장찍기
방향으로 30 도 회전하기
색깔 ▼ 효과를 30 만큼 바꾸기

업그레이드하기

더 많이 도장 찍기

확장 기능 중 가장 많이 쓰이는 펜 기능을 사용해보았습니다. 그리고 수학적인 계산으로 코드를 단순화할 수 있음을 배웠습니다. 이번엔 다른 숫자키를 눌렀을 때, 더 많은 사각형을 도장으로 찍어보는 코드를 직접 작성해보도록 합시다.

24장, 360장 또는 그 이상으로 더 많은 사각형을 찍어봅시다(꼭, 360° 범위 안에서 찍어봅시다).

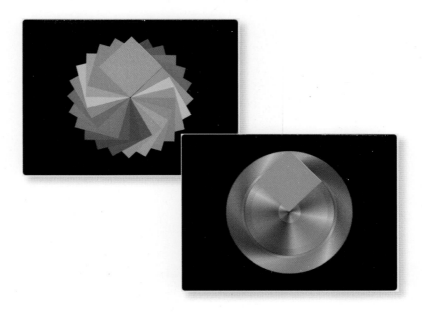

프로젝트 알아보기

06

http://bit.ly/2YG8H6E

기본예제6

탱탱볼 움직이기

개요

작은 공을 계속 돌아다니게 만듭니다. 그리고 벽에 닿으면 다른 방향으로 이동하도록 합니다. 이번 장에서는 조건에 대해 더 자세히 알아보도록 합니다.

 **알고리즘**

🏳 **클릭했을 때**

1. 펜의 색과 굵기를 설정한다.
2. 펜을 내린다(그리기 시작)
3. 20만큼 이동한다.
4. 만약 벽에 닿으면 무작위 각도만큼 회전한다.
5. 3과 4를 계속해서 반복한다.

소리

소리는 미디어 콘텐츠에서 절대 빠질 수 없는 요소 중 하나입니다. 애니메이션에 소리가 없다면, 또는 게임에 소리가 없다면 그만큼 재미가 반감될 것입니다. 특히 아래와 같은 리듬 게임을 소리 없이 플레이하면 재미가 있을까요?

스크래치는 유용한 효과음들을 기본적으로 제공해주고 있습니다. 스크래치에서 만들기를 한 뒤, 제일 오른쪽의 소리 탭을 눌러봅시다. 아래와 같은 화면이 나오게 됩니다. 기본적으로 생성되는 고양이 스프라이트는 '야옹'이란 소리가 들어있습니다. 스크래치에선 각 스프라이트마다 어울리는 소리가 자동으로 첨부되어 있습니다.

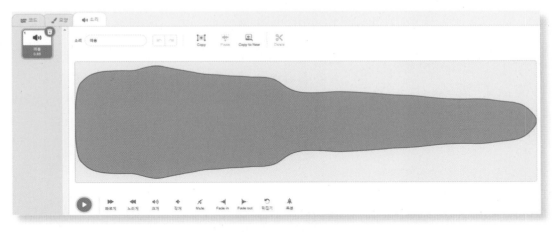

기본 소리 이외에도 원하는 소리를 추가할 수 있습니다. 소리 탭의 맨 아래쪽에 '소리 고르기' 메뉴를 통해서 스크래치에서 제공하는 소리를 추가할 수 있고, 컴퓨터로 녹음이 가능하다면 녹음도 할 수 있습니다.

소리 블록들은 다음과 같습니다. 맨 위의 두 블록만 살펴보고 나머지는 다음 장들에서 확인해보도록 하겠습니다.

 로 소리를 선택해 재생할 수 있습니다.

야옹 재생하기 블록도 같은 기능을 합니다. 다만, 두 블록의 차이점은 야옹 끝까지 재생하기 로 소리를 재생하면 해당 소리의 재생이 완전히 끝나야 다음 블록을 실행합니다.

야옹 재생하기 블록은 똑같이 소리를 끝까지 재생하지만 끝날 때까지 기다리지 않고 다음 블록들을 바로바로 실행합니다.

난수(무작위 수)

1 부터 10 사이의 난수 : 앞자리 수부터 뒷자리 수 사이의 무작위 숫자를 하나 만듭니다.

난수는 규칙이 없는, 패턴이 없는 수를 말하며 소프트웨어에서 정말 많이 활용되고 있습니다. 대표적으로는 게임에서 확률에 따라 아이템을 제공하는 알고리즘에서 난수가 쓰이고 있습니다.

연산 블록 모음에서 난수를 만드는 블록을 찾을 수 있습니다. 숫자를 입력할 수 있는 두 개의 동그란 칸이 있으며, 앞 칸의 수부터 뒷 칸의 수 사이의 무작위 숫자를 만들어냅니다.

다음과 같이 코딩하고 실행을 시켜봅시다. 깃발을 누를 때마다 무작위로 나온 수를 말하는 것을 볼 수 있습니다.

코딩

STEP 01 → 스프라이트와 배경 추가

Ball 스프라이트와 Blue Sky 2 배경을 추가합니다.

Ball 스프라이트의 속성값들을 다음과 같이 설정해줍니다.

STEP 02 → Ball 스크립트 작성

Ball의 알고리즘

❶ 펜의 색과 굵기를 설정한다.

❷ 펜을 내린다(그리기 시작)

❸ 20만큼 이동한다.

❹ 만약 벽에 닿으면 무작위 각도만큼 회전한다.

❺ ❸과 ❹를 계속해서 반복한다.

'확장 기능 추가하기'를 통해 펜 기능을 추가하도록 합니다.

① 시작할 때마다 원래 위치로 돌아갈 수 있도록 다음과 같이 코딩해줍니다.

② 펜 블록 모음의 ⬛ 를 이어 붙여줍니다. 그리고 ⬛색을 설정해줍니다.

색 정하기 패널이 출력되면 맨 아래의 🖌 아이콘을 클릭합니다. 그러면 다음 그림과 같이 실행 화면 부분만 강조

가 되어 나타납니다. 스포이드 기능으로 실행 화면 내에서 색깔을 뽑아낼 수 있게 됩니다. 공 스프라이트를 클릭해 노란색 계열로 설정해줍니다.

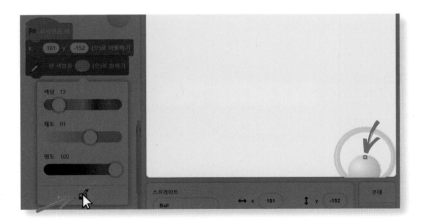

3 펜 굵기를 15로 설정해 공의 크기와 비슷하게 해주고, 펜을 내려 그리기 준비를 마칩니다.

4 공이 사방으로 움직여야 하기에 다음과 같이 코딩해 줍니다. 그리고 `1 부터 10 사이의 난수`를 각도에 끼운뒤, 아래처럼 값을 바꿔줍니다. 그러면 벽에 닿을 때마다 100~200 사이의 값만큼 회전을 시켜 무작위 방향으로 공이 다닐 수 있게 됩니다.

5 움직이고 회전하는 이 핵심 알고리즘을 계속 반복하도록 반복하기 블록을 끼워 코드를 완성합니다.

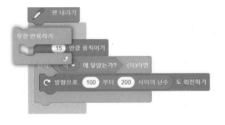

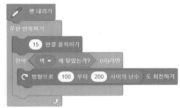

6 벽에 닿게 되었을 땐 소리를 내어 보다 생동감 있게 만들어줍니다. 그런 다음 실행을 시켜봅시다. 공이 계속 이동하다가 벽에 닿으면 무작위 방향으로 잘 튕겨 다니는 것을 볼 수 있습니다.

잘 다니는 것 같지만 계속해서 보고 있으면 조금 이상한 부분이 있습니다. 우리는 벽에 닿으면 "Pop" 소리를 한번 내도록 하였습니다. 그런데 어쩌다 보면 벽에 닿는 순간 "Pop" 소리가 여러 번 재생되고 무작위 방향으로 공이 튕겨지는 경우가 있습니다.

그 이유는 벽에 닿는 소리를 재생하고 무작위 각도만큼 방향을 회전하는 알고리즘을 수행하였지만, 난수로 생성한 각도가 충분하지 않아 여전히 닿아있는 상태이기 때문입니다. 공이 반대로 갈 수 있는 충분한 각도가 되지 않으면 계속해서 이 알고리즘을 실행하기 때문에 소리가 여러 번 들리게 되는 것입니다. 벽에 닿았을 때 제대로 움직일 수 있도록 코드를 업그레이드해보겠습니다.

업그레이드하기 전에 필요한 개념 한 가지를 살펴봅시다.

비교/논리 연산자

비교/논리 연산자는 육각형 모양으로 주로 조건에서 사용합니다. 조건이 맞다면 'true' 거짓이라면 'false'로 결과가 나오게 됩니다. 사실 컴퓨터 내부적으로는 결과가 참일 때는 숫자 '1' 거짓일 때는 숫자 '0'으로 연산합니다(컴퓨터는 0과 1밖에 모르기 때문). 따라서 비교 결과도 0과 1로 나오게 되지만 스크래치에서는 우리가 쉽게 알 수 있도록 true, false로 바꿔 출력해 보여줍니다.

비교 연산자

연산 블록 모음에 비교 연산자 블록들이 있습니다. 컴퓨터는 이 블록들로 왼쪽 값과 오른쪽 값을 비교하여 참과 거짓을 판별하게 됩니다.

논리 연산자

연산자 블록에서 사용할 수 있는 논리 연산자 블록은 다음 3개입니다. 각 블록의 설명은 간단히 말하면 아래와 같습니다.

 : 양쪽의 ◇ 결과가 모두 참일 경우에만 참

 : 양쪽의 ◇ 결과 중 하나라도 참일 경우에만 참

 : ◇ 결과가 거짓인 경우에 참

하나씩 간단히 예를 살펴봅시다.

그리고(AND)

이벤트 블록 이 스프라이트를 클릭했을 때 를 구현한 코드입니다. 스프라이트가 마우스 포인터에 닿은 상태에서 클릭까지 한다면 스프라이트를 클릭 했을 때란 말이 논리적으로 완성이 되는 것입니다.

또는(OR)

둘 중 한 가지만 참이어도 결과가 참이 됩니다. 따라서 마우스를 클릭하거나 스페이스를 누르거나 둘 중 하나라도 하게 된다면 참이 됩니다.

아니다(NOT)

"벽에 닿았는가? 가 아니라면" 이란 말이 됩니다. 간단히 말을 다시 바꿔보면 "벽에 닿지 않았다면"이란 말이 되는 것입니다. 따라서 벽에 닿지 않은 상태일 때 이동을 계속 하다가 벽에 닿게 되면 더 이상 이동하지 않게 됩니다.

업그레이드하기

업그레이드하기 1

앞에서 설명한 논리 연산자와 비교 연산자를 사용하여 벽에 닿았을 때 반대 방향 쪽으로 무작위만큼 튕겨 다닐 수 있도록 코드를 고쳐보겠습니다. 현재 코드는 벽에 닿으면 무작위 각도 "만큼" 회전을 더 시키게 되어있습니다. 이제는 벽을 세부적으로 나누어 봐야 합니다. 벽들을 각각 '위쪽 벽', '아래쪽 벽', '왼쪽 벽', '오른쪽 벽'으로 나누어 봅시다.

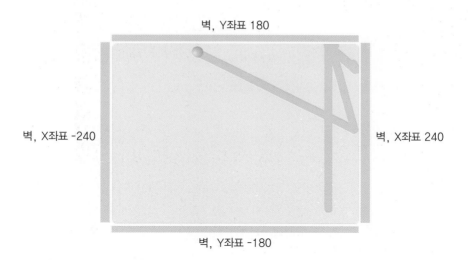

각각의 벽을 세부적으로 말하기 위한 조건들은 위 그림과 같습니다. 이제 비교 연산자와 논리 연산자를 사용해서 해당 조건을 컴퓨터에게 구체적으로 알려주면 됩니다.

우선 선택문 위에서 마우스 우클릭을 하고 블록들을 삭제해줍니다.

먼저 블록을 가져와 결합한 다음

블록을 끼워 줍니다. 그리고 연산자 블록 앞부분에

벽 ▾ 에 닿았는가? 를 끼워 줍니다.

☐ x 좌표
☐ y 좌표
☐ 방향

뒷부분의 육각형에 들어갈 연산을 코딩해봅시다. 우선 현재 공의 Y위치 값을 알아야 합니다. 동작 블록 모음 제일 아래에 가면 다음 3개의 동그란 블록이 있습니다. 스크래치에서 동그란 모양의 블록은 값을 나타냅니다.

◇ > 50 블록을 작업 공간의 빈 영역으로 가져와 y 좌표 를 앞부분에 결합하고 뒷부분의 값을 160으로 고쳐 y 좌표 > 160 으로 만들어줍니다(Y좌표의 맨 위쪽은 180이나 160으로 설정해주는 이유는 공의 크기 때문에 160 근처의 값일 때 벽에 닿기 때문입니다).

그리고 뒷부분에 결합해 조건문을 완성해줍니다. 위쪽 벽에 부딪혔을 때 먼저 소리를 내도록 해주고, 아래쪽으로 튕겨 나갈 각도를 무작위로 만들어줍니다.

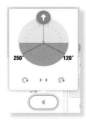

공의 처음 방향은 0°이므로 위쪽으로 이동을 계속하게 됩니다. 반대인 아래쪽의 각도는 90°부터 270°까지가 됩니다. 하지만 완전한 90°와 270°는 결국 위쪽 진행 방향에서 정방향으로 왼쪽 오른쪽이 되기 때문에 각도를 조금 더 좁혀 120°부터 250°로 무작위 각도 방향을 보도록 해주는 것입니다.

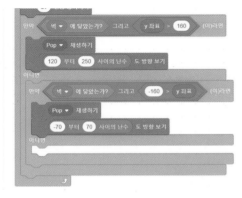

이제 "아니면 아래쪽 벽에 닿았는지" 확인 후 반대 방향으로 갈 수 있도록 코딩합니다. 여기서 각도는 다음과 같이 −70°부터 70°까지로 해줍니다. -70으로 표현한 이유는 위쪽의 범위를 무작위로 만들기 위해서입니다.

각도를 더 자세히 표현하면 다음과 같습니다. 전체 한 바퀴를 표현하면 0°(360°)부터 시계방향으로 값이 계속 커져 오른쪽은 90° 아래쪽은 180° 왼쪽은 270°가 됩니다.

세로로 반을 나눠서 보면 위쪽은 0°이며 시계방향으로 각도 값이 커져 오른쪽은 90°이고 아래쪽은 180°가 됩니다. 또 반시계방향으로 보자면 각도가 작아져

왼쪽은 -90°이고 아래쪽은 -180°가 됩니다. 따라서 위쪽을 말하기 위해선 -90°부터 90°까지가 되며 완전한 왼쪽 오른쪽을 제외하도록 -70°부터 70°까지의 범위를 설정해주는 것입니다.

같은 개념으로 "아니면"일 때 나머지 왼쪽과 오른쪽도 마저 만들어줍니다. 이제 실행해보면 정말 반대로 잘 튕겨 다니는 것을 볼 수 있습니다.

Ball

```
▶ 클릭했을 때
x: 181  y: -152 (으)로 이동하기
펜 색깔을 ⬤ (으)로 정하기
펜 굵기를 15 (으)로 정하기
펜 내리기
모두 지우기
무한 반복하기
    20 만큼 움직이기
    만약  벽 ▼ 에 닿았는가?  그리고  y 좌표 > 160  (이)라면
        Pop ▼ 재생하기
        120 부터 250 사이의 난수  도 방향 보기
    아니면
        만약  벽 ▼ 에 닿았는가?  그리고  -160 > y 좌표  (이)라면
            Pop ▼ 재생하기
            -70 부터 70 사이의 난수  도 방향 보기
        아니면
            만약  벽 ▼ 에 닿았는가?  그리고  -220 > x 좌표  (이)라면
                Pop ▼ 재생하기
                20 부터 160 사이의 난수  도 방향 보기
            아니면
                만약  벽 ▼ 에 닿았는가?  그리고  x 좌표 > 220  (이)라면
                    Pop ▼ 재생하기
                    -20 부터 -160 사이의 난수  도 방향 보기
```

다른 스프라이트 비켜 가기

이번 장에서는 코딩에 있어 중요한 개념 중 하나인 비교/논리 연산자를 사용해보았습니다. 이를 통해 조건을 보다 세부적으로 사용할 수 있음을 배웠습니다. 이 프로젝트를 조금 더 업그레이드해보도록 합시다. 특정 스프라이트를 몇 개 더 추가하여 이 스프라이트를 비켜 다니도록 만들어 봅시다. 그리고 자신만의 다른 아이디어를 더 추가하여 더 재밌는 프로젝트로 업그레이드해보도록 합시다.

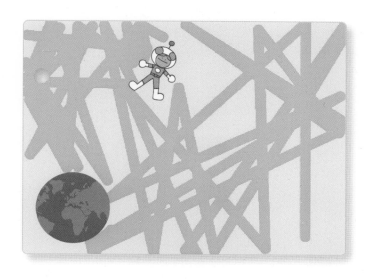

07

기본예제7

스트레칭 횟수 세기

http://bit.ly/35q1b2i

개요

스트레칭으로 팔 벌려 뛰기를 합니다. 3가지의 동작으로 이루어져 있으며, 팔 벌려 뛰기를 할 때마다 횟수를 세어보도록 합니다. 아주 중요한 개념인 정보를 저장하는 방법에 대해 배워봅니다.

알고리즘

> **마우스를 클릭했을 때**
>
> 1. 호루라기 소리를 낸다.
> 2. 다음 모양으로 바꾼다.
> 3. 0.5초 기다린다.
> 4. 2~3을 3번 반복한다.
> 5. 횟수를 1 증가시킨다.

변수

우리가 익숙하게 사용하는 컴퓨터 프로그램들은 정보를 어떻게 저장해두는지 생각해본 적이 있나요? 예를 들어 계산기 프로그램을 봅시다. 3 + 5를 하려고 할때 우리는 3이란 숫자와 5라는 숫자를 입력하게 됩니다. 이때 입력한 3과 5는 컴퓨터가 잊어버리지 않도록 어딘가에 보관을 해놓게 됩니다. 그런 다음 더하기 연산을 할 때 보관해두었던 3과 5를 가져와서 계산하고, 8이란 결과를 만들어 낸 뒤 마찬가지로 8이란 숫자도 어딘가에 보관을 해두고 나서 사용자에게 보여주게 됩니다. 프로그램을 사용할 때 우리가 입력하는 정보, 또는 만들어지는 정보들은 모두 어딘가에 보관하게 됩니다. 여기서 어딘가에 정보가 보관되는 장소를 바로 변수라고 합니다. 좀 더 쉽게 표현하자면 마치 우리가 중요한 물건을 보관함에 잘 보관해두듯이 컴퓨터는 정보를 상자에 잘 보관해두는 것입니다.

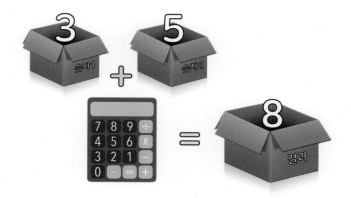

"변할 수 있는 수"라는 변수(Variable)의 뜻처럼 우리는 정보를 저장하는 변수라는 상자에 원래 있던 값 대신 다른 값을 넣을 수도 있습니다. 또는 원래 있던 값에서 증가를 시킬 수도 있고 감소를 시킬 수도 있습니다. 아주 중요한 개념인 변수를 잘 기억해둡시다.

코딩

STEP 01 → **스프라이트와 배경 추가**

Casey 스프라이트와 Bedroom 1 배경을 추가합니다.

Casey를 적당한 위치로 옮겨 줍니다.

다음으로 모양 탭에서 Casey의 모양을 수정해줍니다. 팔 벌려 뛰는 동작이 될 수 있도록 모양 순서를 만들어 봅시다. 왼쪽 그림의 모양 리스트 중 맨 마지막 모양인 casey-d는 삭제해줍니다. 그리고 오른쪽 그림처럼 리스트의 순서를 casey-c, casey-b, casey-a로 변경합니다. 그리고 casey-c 모양을 선택해 기본 모양으로 설정해두도록 합니다.

STEP 02 → **소리 추가**

소리 탭에서 Referee Whistle 소리를 추가해줍니다.

STEP 03 → **Casey 스크립트 작성**

Casey의 알고리즘

❶ 마우스를 클릭한다.

❷ 호루라기 소리를 재생한다.

❸ 다음 모양으로 바꾼다.

❹ 0.5초 기다린다.

❺ ❸~❹를 3번 반복한다.

❻ 횟수를 1 증가시킨다.

① 먼저 마우스를 클릭했을 때 동작할 수 있도록 코딩해줍니다.

② 호루라기 소리가 끝나자마자 Casey는 팔 벌려 뛰기를 해야 합니다. 따라서 호루라기 소리를 재생시키고 재생이 완전히 끝나면 팔 벌려 뛰기를 하게 하도록 소리를 '끝까지' 재생합니다.

③ 팔 벌려 뛰는 동작 알고리즘을 마저 완성해줍니다. 프로젝트를 실행시키고 마우스를 클릭해보세요. 3가지의 동작으로 팔 벌려 뛰기를 잘 하는 것을 볼 수 있습니다. 동작이 잘 완성되었으니 이제 횟수를 세어보도록 합시다.

STEP 04 → 변수 추가

④ 블록 모음에서 '변수'를 클릭합니다. 그림처럼 변수 블록 모음을 볼 수 있습니다. 스크래치에선 기본적으로 "나의 변수"라는 변수가 자동으로 생성되어 있습니다. 이 변수는 우리에게 필요 없으므로 삭제해줍니다. 아래 그림처럼 나의 변수 에 마우스를 올린 뒤 우클릭을 합니다. 출력된 메뉴 중 "나의 변수" 변수 삭제하기를 클릭하여 삭제해줍니다.

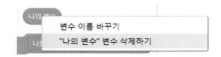

5  변수 만들기를 클릭합니다.

새로운 변수를 추가하는 창이 출력됩니다. 변수 이름을 '횟수'로 작성하고 확인을 눌러줍니다(기본적으로 모든 스프라이트에서 사용으로 설정되어 있습니다. 이 스프라이트에서만 사용과 차이점은 다른 장에서 더욱 상세히 다루도록 하겠습니다).

 횟수 변수를 추가하자마자 변수 블록들이 나타납니다. 스크래치에서 변수 블록들은 변수가 최소한 한 개는 있어야 나타나게 됩니다.

앞서 크기, 색깔, 펜 블록 등에서도 사용해봤던 '정하기'와 '만큼 바꾸기'가 있습니다. 마찬가지로 정하기는 설정한 값으로 정하는 것이며, 만큼 바꾸기는 현재 값에서 설정한 값만큼 더하게 됩니다.

 횟수 앞에 체크박스를 클릭합니다. 실행 화면의 왼쪽 상단에 횟수 변수의 값이 보이게 됩니다. 이제 팔 벌려 뛰기를 하고 횟수를 카운트해보겠습니다.

6 팔 벌려 뛰는 알고리즘 다음에 횟수를 증가시키도록 횟수 ▾ 을(를) 1 만큼 바꾸기 를 붙여준 다음 실행을 하고 마우스 클릭을 해봅시다.

횟수가 잘 증가되는 것을 확인할 수 있습니다. 그러나 정지를 눌러도 횟수 변수는 마지막까지 증가한 값으로 설정되어 있습니다. 다시 실행을 시켜보면 그 횟수부터 이어서 카운트 되는 것을 볼 수 있습니다. 스크래치는 마지막 실행된 부분을 항상 이어서 실행하기 때문에 처음부터 할 수 있도록 설정을 해주어야 합니다.

7 맨 앞부분에 를 추가하여 시작할 때마다 횟수 변수 값을 0으로 설정하도록 합니다. 이를 코딩에서는 초기화라고 부릅니다.

스트레칭 횟수 세기 프로젝트를 완성하였습니다.

전체 스크립트

Casey

업그레이드하기

스트레칭 세트 수 세기

소프트웨어에서 정보를 저장하는 개념인 변수를 배웠습니다. 변수 없이는 소프트웨어를 만들 수가 없습니다. 여태까지 스크래치로 우리가 만든 모든 코드도 내부적으로는 변수가 곳곳에서 아주 많이 사용되고 있습니다. 이번 장에서는 우리가 직접 변수를 만들어 사용해보았습니다. 앞으로 코딩을 하는 중에 어떤 정보를 저장해야 한다면 변수를 꼭 먼저 떠올릴 수 있도록 합시다.

변수를 하나 더 사용해서 스트레칭 횟수 세기 프로젝트를 업그레이드해봅시다. 팔 벌려 뛰기 횟수가 5회 될 때마다 세트 수를 증가시킬 수 있도록 코드를 업그레이드시켜보세요.

08

기본예제8

쫓기는 다이버1

http://bit.ly/36Vfqg1

개요

계속해서 쫓아다니는 상어를 다이버를 움직여 피해 다니도록 합니다. 이벤트로 움직일 때와 감지로 움직일 때의 차이점을 배워봅니다. 쫓기는 다이버1에서는 게임의 핵심 알고리즘을 구현하게 되며 쫓기는 다이버2에서 최종적으로 완성하게 될 것입니다.

알고리즘

🏳 **클릭했을 때**

1. 다이버를 바라본다.
2. 랜덤한 초 동안 다이버를 쫓아간다.
3. 만약 다이버와 가까워 지면 입을 벌린다.
4. 1~2를 계속 반복한다.

위쪽 방향키를 눌렀을 때
y좌표를 증가한다.

왼쪽 방향키를 눌렀을 때
x좌표를 감소한다.

오른쪽 방향키를 눌렀을 때
x좌표를 증가한다.

아래쪽 방향키를 눌렀을 때
y좌표를 감소한다.

🏳 **클릭했을 때**

만약 상어에 닿으면
게임을 멈춘다.

코딩

STEP 01 → **스프라이트와 배경 추가**

Diver1

Shark 2

Underwater 1

Diver1 스프라이트와 Shark 2 스프라이트를 추가합니다. 그리고 배경 Underwater 1을 무대에 추가합니다.

상어와 다이버를 다음과 같은 위치로 적당히 옮겨줍니다. 수치가 똑같을 필요는 없습니다. 적당한 위치로 직접 옮기면 됩니다. 다만, 여기서 고려해야 할 것은 상어와 다이버가 너무 가까워서도 안 되고, 상어가 너무 크거나 다이버가 너무 작아서도 안 됩니다.

게임에서 가장 중요한 요소 중 하나 '밸런스'

우리는 이번 장을 통해서 간단한 게임을 구현합니다. 게임에서 가장 중요한 요소 중 하나는 '재미를 위해 밸런스가 얼마나 잘 맞는가?'입니다. 쫓기는 다이버는 상어가 너무 크면 다이버가 쉽게 잡히게 될 것이고, 그렇다고 다이버가 너무 작으면 피하기가 쉬워져 굉장히 루즈한 게임이 만들어지게 됩니다. 적절한 밸런스를 직접 맞춰 보도록 합시다.

상어가 너무 크면 금방 잡힌다!

다이버가 너무 작으면
피하기가 쉽다!

먼저 상어와 다이버의 시작 위치를 초기 값으로 설정해줍니다.

스프라이트의 위치를 옮길 때마다 동작 블록 모음의 ⎡x: 0 y: 0 (으)로 이동하기⎤ 블록의 x와 y값은 변경 되는 좌표 값으로 계속하여 변합니다. 따라서 원하는 위치로 스프라이트를 옮기게 되면 마지막 좌표 값이 자동으로 입력되니 자연스럽게 가지고와 초기 값으로 세팅해주면 됩니다.

이제 본격적으로 코딩을 시작해보겠습니다. 먼저 다이버의 움직임부터 구현해봅시다.

Diver1의 알고리즘

❶ 키보드 방향키를 누른다.

❷ 방향키의 방향으로 움직인다.

❸ 만약 상어에 닿으면 프로그램을 멈춘다.

다이버의 움직임은 앞서 만들었던 유니콘 움직이기와 유사하게 구현합니다.

이벤트 블록을 사용해서 위쪽, 아래쪽, 왼쪽, 오른쪽 방향키를 눌렀을 때 다이버의 좌표 값을 증가, 감소시켜 다이버를 움직이 도록 합니다.

다이버의 핵심 알고리즘은 완성이 되었으니 이제 상어 스크립트를 작성해봅시다.

Shark 2의 알고리즘

❶ 다이버를 바라본다.

❷ 랜덤한 초 동안 다이버를 쫓아간다.

❸ 만약 다이버와 가까워지면 입을 벌린다.

❹ ❶~❷를 계속 반복한다.

알고리즘의 순서대로 먼저 다이버를 바라봐야 합니다. 동작 블록에 보면 █████ 블록이 있습니다. 이 블록으로 특정 객체 쪽으로 방향을 회전하여 바라보는 듯이 만들 수 있습니다.

블록의 세모를 누르면 리스트가 화면에 출력됩니다. 현재 프로젝트에 있는 다른 스프라이트들이 목록으로 나오므로 그 중 원하는 스프라이트를 선택하면 됩니다.

① 쫓아가는 알고리즘은 계속 반복되어야 하기 때문에 무한 반복하기 블록과 함께 코딩해줍니다.

상어의 핵심 알고리즘인 쫓아가기는 일정 초 동안 다이버에게로 계속 가야합니다.

동작 블록에 O초 동안~이라는 블록이 있습니다. "초 동안"이란 말이 들어 있는 블록들은 설정한 초 동안 블록을 실행한 뒤 다음 블록들을 순차적으로 실행합니다.

1 초 동안 무작위 위치 ▼ (으)로 이동하기 블록과

1 초 동안 x -152 y 99 (으)로 이동하기 블록은 설정된 초 동안 해당 위치로 도착할 때까지 이동하는 모습을 볼 수 있습니다.

1 초 동안 무작위 위치 ▼ (으)로 이동하기 블록은 프로젝트 내의 스프라이트들과 마우스 포인터, 무작위 위치로 이동할 수 있습니다. 이 블록을 사용해서 다이버에게 이동하도록 구현해봅시다.

② 알고리즘의 순서대로 다이버를 바라보고, 1초 동안 다이버에게 이동하도록 구현하였습니다. 이제 무작위 초 동안 이동하도록 구현하면 핵심 알고리즘은 완성입니다. 앞서 배웠던 난수를 만드는 블록을 사용해 코드를 완성합니다.

③ 1 부터 10 사이의 난수 블록을 초 자리에 끼워준 뒤 1부터 5로 수정합니다. 그럼 이제 상어는 천천히 쫓아가기도 하며 때때로 도망가기 힘들 정도로 빨리 가기도 합니다.

다이버와 상어의 핵심 알고리즘이 모두 완성이 되었습니다. 실행하고 한번 살펴봅시다. 다이버를 움직여 도망다녀 보면 상어가 빨리 쫓아오기도 하고 천천히 쫓아 오기도 하는 것을 볼 수 있습니다. 그런데 다이버의 움직임에 조금 답답한 느낌이 들 것입니다. 예를 들어, 오른쪽으로 쭉 이동하다가 다른 방향키를 누르면 잠깐 멈추었다가 이동을 하게 됩니다. 훨씬 부드럽게 동작하도록 코드를 수정해보겠습니다. 덧붙여 상어에 닿으면 프로그램을 멈추게 하는 알고리즘까지 구현해서 다이버를 완성해봅시다.

STEP 05 → 다이버 스크립트 수정

① 이벤트 블록으로 구현했던 움직임을 모두 삭제해줍니다.

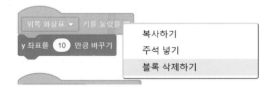

② 그림과 같이 감지 형태로 코딩을 해줍니다. 위쪽 화살표 키를 눌렀다면 y좌표를 5만큼 바꿔주도록 합니다.

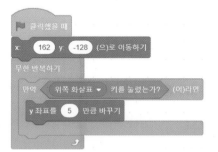

③ 나머지 방향키도 감지 형태로 이동하기를 완성해줍니다. 값은 모두 5만큼 바뀌도록 변경해줍니다. 이제 프로젝트를 실행하고 다이버를 움직여봅시다.

다이버가 훨씬 부드럽게 움직이는 것을 볼 수 있습니다. 제일 첫 장에서 순차에 관해 설명했을 때, "컴퓨터가 명령을 실행하는 속도는 굉장히 빠르다."라고 설명하였습니다. 무한 반복하면서 '키가 눌러 졌는가?'를 감지하는 것은 우리가 체감할 수 없을 정도로 굉장히 빠른 속도로 반복이 실행되면서 찰나의 순간마다 방향키들이 눌려졌는지를 확인하기 때문입니다. 이 때문에 키가 눌러졌을 때 바로바로 움직이게 되는 것입니다.

조금 더 자세히 표현하자면, 컴퓨터는 프로그램을 실행시켰을 때 입력이 필요하다면 '입력 스트림'을 생성합니다. 이 스트림은 키 입력에 대한 명령을 컴퓨터에게 전달하는 통로입니다. 키가 입력될 때마다 스트림을 통해 스크래치의 코드 중 키가 눌러졌을 때를 사용한 코드가 동작하게 되는데 키 입력을 기다리는 게 아닌 눌러졌을 때 명령을 전달하는 방식입니다. 따라서, 우리가 감지 형태로 작성한 코드의 동작 속도가 훨씬 빠르므로 이동이 더 부드럽고 빠르게 되는 것입니다. 이는 컴퓨터의 성능이 좋으면 좋을수록 더 빠르게 동작됩니다.

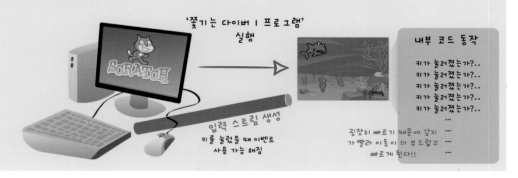

방향키로 다이버를 움직이는 코드는 완성되었습니다. 이제 상어에 닿았을 때 프로젝트를 멈추도록 코딩해봅시다.

④ Shark 2에 닿았다면 멈추기 모두 ▼ 를 합니다.

멈추기 모두 ▼ 는 프로젝트에서 실행되고 있는 모든 코드를 말 그대로 멈추게 됩니다. 블록의 모양도 더 이상 아래에 다른 블록을 붙일 수 없게 되어있습니다. 프로그램 실행 순서에 따라 당연하게도 모든 코드를 멈춘다면 논리적으로 다음 코드는 실행될 수 없기 때문입니다.

이제 실행하여 열심히 도망을 다녀 봅시다.

부드럽게 잘 도망 다녀집니다. 그리고 그림처럼 상어에 닿게 되면 게임이 멈추게 됩니다.

그런데 여기서 한 가지 문제가 있습니다. 다시 깃발을 눌러 실행을 시키면 초기 위치로 돌아가지만 어째서인지 상어와 다이버가 움직이질 않습니다. 시작하자마자 코드가 멈춘 것입니다.

그 이유는 마지막에 구현했던 상어에 닿았을 때 모든 코드를 멈추는 블록 때문입니다. 게임이 상어에 닿아 멈춘 시점에서 다시 실행하면 **이미 닿아 있는 상태이기 때문에** "닿았는가?"가 만족되어 모든 코드를 또 멈추는 것입니다.

그리고 상어는 시작하자마자 초기 위치로 가게끔 되어 있기 때문에 초기 위치로는 돌아가게 되는 것입니다.

상어의 시작 위치 초기값

이 문제를 해결하기 위한 가장 쉬운 방법은 감지를 조금 늦게 되도록 하는 것입니다.

⑤ 초기 위치 설정을 한 뒤 0.1초 정도 시간을 주어 감지 알고리즘들을 초기 위치 설정이 끝난 뒤 실행 하게 해주는 것입니다.

이제 실행을 해보면 상어에게 잡혀도 다시 실행했을 때 초기 위치로 돌아가 잘 실행되는 것을 볼 수 있습니다.

전체적으로 상어와 다이버의 핵심 알고리즘이 모두 완성되었습니다.

마지막으로 한 가지만 수정해봅시다. 게임은 잘 진행 되지만 상어가 쫓아올 때 박진감이 조금 부족한

느낌입니다. 게임의 재미를 보다 업그레이드 시켜주는 것은 디테일을 살려주는 것입니다. 상어가 다이버와 가까워졌을 때 잡아먹기 위해 입을 벌리도록 해봅시다.

STEP 06 → 디테일 업그레이드

Shark 2의 입 벌리기 알고리즘

❶ 만약 다이버와 거리가 가깝다면 shark2-b 모양으로 바꾼다.

❷ 아니면 shark2-a 모양으로 바꾼다.

상어가 다이버를 쫓아가는 코드와 별개로 입을 벌리는 코드를 만들어주도록 합니다. 쫓아가는 코드는 0초 동안 실행되기 때문에 입을 벌리는 것을 같이할 수 없습니다. 따라서 따로 코드를 작성해주는 것입니다.

감지 블록 모음에 보면 특정 객체까지의 거리를 알려주는 블록이 있습니다. 앞 장에서 설명했듯이 동그란 블록은 값 블록입니다.

마우스 포인터 ▼ 까지의 거리 블록은 동그란 형태이기 때문에 바로 값으로 구해져 나옵니다. 다이버까지의 거리가 가깝다면 모양을 바꾸도록 코딩해봅시다.

❶ 다이버까지와의 거리가 150보다 작다면 입을 벌리도록 코딩합니다. 상어와 다이버의 크기에 따라 150보다 값이 커야할 수도 작아야할 수도 있습니다. 적절한 값을 찾아서 설정하도록 합니다.

그림처럼 상어와 다이버를 마우스로 옮겨 이 정도면 입을 벌리겠다 싶은 거리까지 가까이 움직여 본뒤, 감지 블록 모음에서 Shark 2 ▼ 까지의 거리 를 마우스로 눌러봅니다.

왼쪽 그림처럼 현재 다이버까지와의 거리가 수치로 출력됩니다. 스크래치에선 결과 값이 궁금한 블록은 직접 코딩을 하지 않고 눌러서 실행 결과를 볼 수 있습니다. 이렇게 적절한 수치를 찾아 비교 값을 설정하면 됩니다.

이제 가까워지면 상어가 입을 벌리게 되어 게임의 생동감이 더욱 높아졌습니다. 한 가지 어색한 부분만 수정하여 쫓기는 다이버1 프로젝트를 마무리해봅시다.

현재 도망 다니다 보면 아래와 같은 경우를 가끔 볼 수 있습니다.

다이버가 실행 화면에서 왼편에 있을 때 상어의 방향이 –각도가 되면서 뒤집히게 됩니다. 똑바로 쫓아가도록 코딩해봅시다.

❷ 먼저 모양 탭으로 이동합니다. shark2-a 모양에서 마우스 우클릭을 한 뒤 복사를 눌러줍니다.

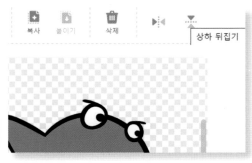

❸ 복제된 shark2-a2 모양에서 상하 뒤집기를 눌러줍니다.

④ shark2-b도 마찬가지로 복사한 뒤, shark2-b2 모양을 상하 뒤집기로 뒤집어줍니다.

⑤ 상어의 방향이 0보다 작을 땐 상하 뒤집기로 만든 모양으로 바꾸도록 합니다. 0보다 작은 − 각도들은 원래 방향에서 반대 방향이기 때문에 시계방향으로 회전한 상어는 뒤집힌 형태가 되기 때문입니다. 따라서, 우리가 상하 뒤집기로 만든 모양이 반대 각도에서는 똑바로 보이게 되는 것입니다.

디테일 업그레이드 코드가 완성되었습니다. 쫓기는 다이버1 프로젝트를 마칩니다.

Diver1

Shark 2

클릭했을 때
x: -152 y: 99 (으)로 이동하기
무한 반복하기
　Diver1 ▼ 쪽 보기
　1 부터 5 사이의 난수 초 동안 Diver1 ▼ (으)로 이동하기

클릭했을 때
x: 162 y: -128 (으)로 이동하기
0.1 초 기다리기
무한 반복하기
　만약 위쪽 화살표 ▼ 키를 눌렀는가? (이)라면
　　y 좌표를 5 만큼 바꾸기
　만약 아래쪽 화살표 ▼ 키를 눌렀는가? (이)라면
　　y 좌표를 -5 만큼 바꾸기
　만약 오른쪽 화살표 ▼ 키를 눌렀는가? (이)라면
　　x 좌표를 5 만큼 바꾸기
　만약 왼쪽 화살표 ▼ 키를 눌렀는가? (이)라면
　　x 좌표를 -5 만큼 바꾸기
　만약 Shark 2 ▼ 에 닿았는가? (이)라면
　　멈추기 모두 ▼

클릭했을 때
무한 반복하기
　만약 Diver1 ▼ 까지의 거리 < 150 (이)라면
　　만약 방향 < 0 (이)라면
　　　모양을 shark2-b2 ▼ (으)로 바꾸기
　　아니면
　　　모양을 shark2-b ▼ (으)로 바꾸기
　아니면
　　만약 방향 < 0 (이)라면
　　　모양을 shark2-a2 ▼ (으)로 바꾸기
　　아니면
　　　모양을 shark2-a ▼ (으)로 바꾸기

09

http://bit.ly/370oUGP

기본예제9
쫓기는 다이버2

개요

이번 장은 쫓기는 다이버1을 더욱 재밌는 게임이 될 수 있도록 업그레이드를 해봅니다. 상어가 시간이 지날 때마다 아기 상어를 낳고, 아기 상어도 다이버를 쫓아갑니다. 그리고 다이버는 보석을 획득하여 점수를 얻을 수 있습니다. 또한, 쫓기는 다이버2는 승리와 패배가 있는 게임으로 업그레이드됩니다.

알고리즘

🚩 클릭했을 때

1. 다이버를 바라본다.
2. 무작위 초 동안 다이버를 쫓아간다.
3. 1 ~ 2를 계속 반복한다.

🚩 클릭했을 때

3초마다 아기 상어를 만든다.

'승리' 신호를 받았을 때

이 스프라이트에 있는 스크립트(코드)를 모두 멈춘다.

'게임오버' 신호를 받았을 때

이 스프라이트에 있는 스크립트(코드)를 모두 멈춘다.

🚩 클릭했을 때

1. 방향키를 누른 방향으로 이동한다.
2. 만약 보석에 닿으면 점수를 1점 올리고 보석획득 신호를 보낸다.
3. 만약 상어에 닿으면 "Die..."를 말하고 게임오버 신호를 보낸다.

'승리' 신호를 받았을 때

1. 이 스프라이트에 있는 스크립트(코드)를 모두 멈춘다.
2. "Win!" 이라고 2초 동안 말한다.
3. 점수를 2초 동안 말한다.

'게임오버' 신호를 받았을 때

1. 이 스프라이트에 있는 스크립트(코드)를 모두 멈춘다.
2. "Die..." 라고 2초 동안 말한다.

🚩 클릭했을 때

랜덤한 위치로 이동한다.

'보석획득' 신호를 받았을 때

1. 효과음을 재생한다.
2. 랜덤한 위치로 이동한다.

무대

🚩 클릭했을 때

1. 타이머가 60초가 될 때까지 기다린다.
2. 승리 신호를 보낸다.

'게임오버' 신호를 받았을 때

멈춘다.

이번엔 무대에도 코딩을
해줄 것입니다.

복제하기

스크래치에는 복제 기능이 있습니다. 이 기능은 말 그대로 해당 스프라이트와 똑같은 객체를 하나 더 복제하는 것입니다. 바로 간단한 예를 만들어보며 이 기능을 살펴보도록 하겠습니다. 기본 생성된 고양이에서 바로 코딩을 해봅시다.

고양이 스프라이트에 다음과 같이 코딩을 합시다. 간단하게 계속 움직이는 코드입니다. 여기서 복제 기능을 한번 사용해봅시다.

복제 블록은 제어 블록 모음의 아랫부분에 있습니다.

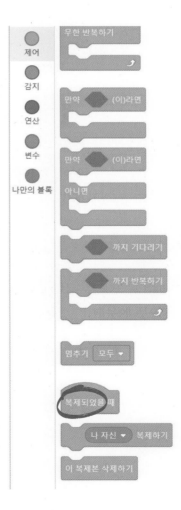

0.2초 기다리기 앞부분에 마우스를 클릭했을 때 복제를 하도록 코딩합니다. 그리고 실행시킨 뒤 마우스를 꾹~ 눌러 봅시다. 그림처럼 고양이가 움직이면서 뒤편에 마치 도장 찍기처럼 되는 것을 볼 수 있습니다.

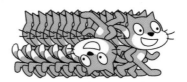

이는 모양 그대로 도장을 찍는 도장 찍기가 아니라 고양이 스프라이트를 복제하는 것입니다. 도장 찍기와 차이점은 복제 기능을 사용하여 복제한 스프라이트는 코드도 똑같이 다 가지고 있다는 것입니다. 아래 그림처럼 복제된 고양이들도 우리가 원본 고양이에 코딩한 명령을 똑같이 가지고 있습니다. 그렇다면 왜 움직이는 명령을 복제된 고양이들은 하지 않는 것일까요?

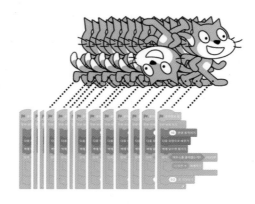

복제된 고양이들이 움직이지 않는 이유는 '깃발을 클릭했을 때' 이벤트 때문입니다.

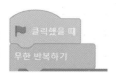

깃발 클릭은 프로그램을 시작할 때 최초로 누르게 되는 이벤트입니다. 중간에 눌러도 처음부터 다시 시작되어 복제된 고양이들은 사라져버리기 때문에 절대로 복제된 고양이들은 이 이벤트로 동작할 수가 없습니다.

움직이는 알고리즘만 복제된 고양이들도 할 수 있도록 수정 해봅시다.

복제된 고양이들이 제일 처음 시작으로 할 수 있는 말이 "복제되었을 때"입니다. 블록 모양도 이벤트 모양의 블록으로 되어있습니다.

복제되었을 때 움직이는 알고리즘을 계속 반복하도록 합니다. 이제 깃발을 눌러 시작한 뒤 마우스를 다시 꾹 계속하여 눌러봅시다.

복제된 고양이들이 빠르게 잘 다니는 것을 볼 수 있습니다. 0.2초 기다리기는 설정 하지 않았기에 본체 고양이보다 복제된 고양이들이 더 빠르게 움직입니다. 복제된 고양이들도 모두 같은 코드를 가지고 있다는 것을 하나만 더 코딩해서 확실히 이해해봅시다.

위쪽 화살표를 눌렀을 때 위쪽으로 움직이도록 해봅시다. 다시 시작하기를 누른 뒤 마우스를 꾹 눌러 복제본들을 많이 만들고 위쪽 화살표를 눌러보도록 합니다.

복제된 고양이 그리고 본체인 원본 고양이도 모두 위쪽으로 이동합니다. 모두 똑같은 스크립트(코드)를 지닌 것입니다. 복제 기능으로 게임을 더욱 재밌게 업그레이드를 해봅시다.

신호

메시지1 ▼ 신호 보내기 : 설정한 신호를 보냅니다.

메시지1 ▼ 신호를 받았을 때 : 설정한 신호를 받았을 때, 알고리즘을 동작시킬 수 있는 이벤트 블록입니다.

우리는 이벤트 블록으로 깃발을 눌렀을 때, 키를 눌렀을 때 등을 사용해보았습니다. 이런 이벤트들은 해당 스프라이트에서만 특정 알고리즘의 코드를 동작할 때 필요한 이벤트입니다. 신호라는 기능은 다른 스프라이트에게 어떤 동작을 할 수 있게 하거나 어떤 변화를 주고자 할 때 사용하는 기능입니다. 간단한 예제를 실습 해보며 신호에 대해 자세히 알아보도록 합시다.

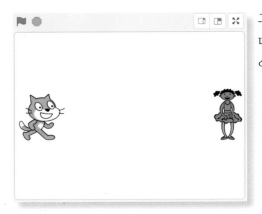

새로 만들기를 한 뒤 Ballerina 스프라이트를 추가합니다.

그리고 고양이와 발레리나 스프라이트의 위치를 다음과 비슷한 위치로 적당히 마우스로 드래그하여 옮겨줍니다.

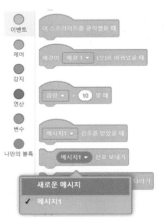

우선 신호부터 만들어줍니다. 신호는 이벤트 블록 모음의 아랫부분에 있습니다.

블록의 앞부분을 클릭하면 다음과 같은 리스트가 출력됩니다. 여기서 '새로운 메시지'를 클릭해줍니다.

다음과 같은 '새로운 메시지'창이 출력됩니다. 메시지가 우리가 만들어주는 신호입니다. 새로운 메시지 이름에 "춤추기"라고 적은 후 확인을 눌러 메시지를 만듭니다.

고양이에게 다음과 같이 코딩해줍니다. 움직이다가 발레리나에 닿으면 "춤추기" 신호를 보내주도록 합니다.

그런 다음 숨기기로 고양이를 숨깁니다.

"춤추기 신호를 받았을 때" 발레를 하도록 다음과 같이 모양을 계속 바꾸도록 코딩을 합니다. 그리고 깃발을 눌러 시작해봅시다.

닿자마자 고양이는 사라지고 발레리나가 계속 춤을 추는 것을 볼 수 있습니다.

우리는 발레리나에게 "춤추기" 신호를 받으면 춤을 추도록 코딩을 했습니다. 고양이가 "춤추기" 신호를 보냈는데, 이 신호는 발레리나에게만 보내진 게 아닙니다. 누가 이 신호를 들을지 모르지만 아무나 들을 수 있도록 고양이는 프로그램 내에서 마치 TV 방송을 송출하듯이 전체 '방송(Broadcast)'을 한 것입니다.

다른 스프라이트를 더 추가해보겠습니다. Anina Dance 와 Cassy Dance를 추가합니다.

발레리나의 "춤추기" 신호를 받았을 때 춤을 추는 코드를 드래그하여 새로 추가한 두 스프라이트들 위로 가져가 마우스를 놓아줍니다. 그러면 코드가 복사되어 추가한 스프라이트에 저장됩니다. Anina Dance와 Cassy Dance 스프라이트 각각에 코드를 드래그해줍니다. 그리고 고양이를 초기 위치로 옮겨준 뒤 다시 실행시켜봅시다(숨겨져 있다면,  눈을 뜬 아이콘을 클릭하여 보이도록 만들어줍니다. 또는 보이기 코드를 초기값으로 설정해주어도 됩니다).

이제 신호를 받으면 추가한 나머지 스프라이트들도 동시에 춤을 추는 것을 볼 수 있습니다. 이처럼 신호는 다른 스프라이트들의 동작을 시킬 때 주로 사용하는 개념입니다.

꼭 다른 스프라이트에게 특정 동작을 하도록 할 때만 사용하는 것은 아닙니다. 특정 알고리즘 순서에서 신호가 필요할 때에도 사용해서 코드를 간소화하거나 가독성을 높일 수 있습니다. 이런 방법들도 뒷 장의 예제들을 통해 습득해봅시다.

코딩

코딩

이번 코딩은 앞서 개발했던 쫓기는 다이버1에서 업그레이드 하겠습니다. 먼저 새로운 스프라이트를 추가합시다.

STEP 01 → 스프라이트 추가

Crystal 스프라이트를 추가합니다.

STEP 02 → 상어 스크립트 업그레이드

상어의 알고리즘

❶ 3초마다 복제본을 생성한다.

아기 상어(복제된 상어)의 알고리즘

❶ 크기를 50%로 정한다.

❷ 색을 연하게 바꾼다.

❸ 다이버를 바라본다.

❹ 무작위 초 동안 다이버를 쫓아간다.

❺ ❸~❹를 계속 반복한다.

❶ 상어가 쫓아가는 알고리즘과 다이버를 조종하는 핵심 알고리즘은 완성되어 있습니다. 추가되는 알고리즘을 구현해보도록 합시다. 우선 상어부터 시작합시다. "3초마다" 복제를 해야 하므로, 쫓아가는 알고리즘과 별도로 다음과 같이 코드를 작성해봅시다 (코드는 병렬적으로 실행됨을 배웠습니다).

실행해보면 상어가 잘 복제되는 것을 볼 수 있습니다. 복제되었을 때 하는 알고리즘이 아직 작성되지 않아 복제된 상어들은 가만히 있습니다.

② 복제되었을 때, 크기를 반으로 줄이고 밝기 효과를 주어 색을 연하게 표현합니다. 아기 상어처럼 보여야 하기 때문입니다.

③ 다이버를 쫓는 알고리즘에서 마우스 우클릭을 한 뒤 '복사하기'를 해줍니다.

④ 복사한 코드를 '복제 되었을 때' 코드에 바로 이어서 붙여줍니다. 이제 복제된 상어는 마치 아기 상어처럼 작은 상어가 되어 다이버를 계속 쫓아가게 됩니다. 시작하고 확인해봅시다.

아기 상어들이 3초마다 생겨 다이버를 계속 잘 쫓아다닙니다. 그런데 상어가 다이버와 가까우면 입을 벌리도록 했던 알고리즘을 아기 상어는 하지 않습니다. 아기 상어도 입을 벌리도록 코딩해봅시다.

⑤ 마찬가지로 입을 벌리는 원본 코드를 복사해서 쉽게 코드를 완성할 수 있습니다. 이제 원본 상어처럼 복제된 상어들도 똑같이 다이버를 쫓아가며, 다이버와 가까워지면 똑같이 입을 벌리게 됩니다.

이제 보석을 획득하면 점수를 얻도록 다이버와 보석 스프라이트 코딩해봅시다.

STEP 03 → 다이버 스크립트 업그레이드

다이버의 알고리즘

❶ 방향키를 누른 방향으로 이동한다.

❷ 만약 보석에 닿으면 점수를 1점 올리고 '보석획득' 신호를 보낸다.

❸ 만약 상어에 닿으면 "Die..."를 말하고 '게임오버' 신호를 보낸다.

❹ 승리 신호를 받으면 "Win!"라고 2초 동안 말하고, 점수도 2초 동안 말한다.

방향키 이동 알고리즘은 쫓기는 다이버1에서 완성하였고, '보석획득'과 '게임오버' 알고리즘을 작성해봅시다.

① 우선 '보석획득' 메시지를 만들어줍니다.

② 다음으로 '점수' 변수도 만들어줍니다.

③ 움직임을 나타내는 알고리즘 아래쪽에 보석에 닿았을 때 점수를 올리고 '보석획득' 신호를 보내도록 합니다.

④ 다음으로 다이버가 상어에 닿게 되면 '게임오버' 신호를 보내도록 합니다. '게임오버' 메시지를 만들어줍니다.

⑤ 상어에 닿으면 '게임오버' 신호를 보내도록 코딩합니다.

STEP 04 → 보석 스크립트 작성

보석의 알고리즘

❶ 처음 시작 시 무작위 위치로 이동한다.

❷ '보석획득' 신호를 받았을 때, 효과음을 재생하고 무작위 위치로 이동한다.

위의 알고리즘 순서대로 코딩해봅시다.

❶ 깃발을 클릭하면 무작위 위치로 이동하도록 합니다.

❷ '보석획득' 신호를 받았을 때 보석에 자동으로 추가되어 있는 소리인 Magic Spell 효과음을 재생합니다. 그다음 무작위 위치로 이동하도록 합니다.

시작하여 게임을 해보면 작성한 알고리즘대로 잘 동작합니다. 그러나 다시 시작하면 점수 값이 이전 점수 값부터 이어서 올라가게 됩니다. 다시 할 땐 점수가 0에서 시작할 수 있도록 변수를 초기화시켜 줍니다.

❸ 무작위 위치 이동 다음에 점수를 0으로 설정하여 항상 시작할 때마다 초기화시키도록 합니다(깃발을 클릭했을 때 코드입니다! 보석획득 신호와 헷갈리지 마시길 바랍니다!).

이제 게임의 '승리'를 코딩해봅시다. 먼저 '승리' 신호를 직접 만들도록 합니다.

STEP 05 → **무대 스크립트 작성**

무대의 알고리즘

❶ 게임을 60초 동안 버티면 승리 신호를 보낸다.

우리는 여태까지 스프라이트들에만 코딩을 했습니다. 이번 프로젝트에선 무대에도 역할을 하나 주는 것입니다. 사실 이 알고리즘은 다이버에 코딩할 수도 있습니다. 무대에 작성해준 이유는 객체들의 역할을 명확히 나눠줄 수 있다는 것을 보여주기 위해서입니다. 다이버만 할 수 있는 건 다이버가 하도록 하고, 꼭 다이버만 할 필요가 없다면 현재 코딩을 전혀 하지 않은 무대에 이 역할을 넘겨 코드를 전체적으로 나눠서 보게 하는 것입니다. 이렇게 해야 나중에 다시 코드를 보더라도 이해가 빠르게 됩니다. 또한, 팀으로 작업할 때 작업 효율이 올라가게 되고 의사소통도 빠르게 됩니다. 따라서 처음 알고리즘을 계획할 때 역할을 명확히 나눠 코딩을 시작하여야 합니다.

이제 무대에 승리하는 알고리즘을 작성해봅시다.

시간을 재는 방법은 아주 간단하게도 타이머 블록을 사용하기만 하면 됩니다. 스크래치에선 깃발을 클릭해서 프로그램을 시작하면 자동으로 타이머가 0부터 동작하게 되어있습니다. 따라서 우리는 감지 블록 모음의 '타이머' 블록만 사용하면 시간을 잴 수 있습니다.

☑ 타이머 타이머 앞 네모를 체크해주도록 합니다.

아래의 알고리즘은 타이머를 사용하여 구현할 수 있는 두 가지 방법입니다.

무한 반복 사용

무한 반복하면서 타이머가 60을 넘는 순간 '승리' 신호를 보내도록 합니다. 그리고 멈추기로 '이 스크립트'를 멈춥니다. 이렇게 하지 않으면 타이머가 60초가 넘을 때마다 승리 신호를 무수히 많이 계속 보내게 됩니다. 한 번만 보낼 수 있도록 스크립트를 멈춰주는 것입니다.

~까지 기다리기 사용

훨씬 간단한 코드입니다. 조건이 될 때까지 기다리게 되므로 60초가 넘어가는 그 순간까지만 기다립니다. 그런 다음 바로 '승리' 신호를 보내어 간단히 완성할 수 있습니다.

두 가지 방법 중 마음에 드는 방법으로 코딩하면 됩니다.

이처럼 알고리즘을 구현하는 방법은 여러 가지가 있을 수 있습니다. 만약 어떤 주제를 직접 구현하게 된다면 효율적인 알고리즘이 무엇일지 항상 고민해보고 코딩할 수 있도록 합시다.

이제 '승리' 신호와 '게임오버' 신호를 받는 부분들을 코딩하여 쫓기는 다이버2 프로젝트를 완성해봅시다.

STEP 06 → 다이버 – 승리, 게임오버 신호 받았을 때 알고리즘 작성

'승리' 신호나 '게임오버' 신호를 받으면 우선 이 스프라이트에 있는 다른 스크립트를 멈추게 해서 방향키로 이동을 못하게 해야 합니다. 당연히 게임이 끝났으니 스프라이트들이 움직여지지 않게 하는 것입니다.

① '게임오버' 신호를 받으면 다이버 스프라이트에 있는 다른 스크립트들 중 동작 중인 스크립트를 모두 멈추게 합니다. 다음으로 "Die..."를 2초 동안 말하도록 합니다.

② '승리' 신호를 받으면 "Win!"이란 말을 2초간 한 뒤 점수도 2초 동안 말하도록 합니다.

STEP 07 → 상어 – 승리, 게임오버 신호 받았을 때 알고리즘 작성

상어에는 3초마다 **복제를 생성하는 알고리즘**, **다이버를 계속 쫓아가는 알고리즘**으로 두 가지 알고리즘을 구현하였습니다.

이 알고리즘들은 무한 반복을 베이스로 하고 있어, '게임오버'나 '승리' 시에는 동작하면 안 됩니다. '게임오버'나 '승리' 신호를 받았을 때 이벤트의 관점에서 복제 생성 알고리즘 코드와 다이버를 쫓아가는 알고리즘 코드는 "이 스프라이트에 있는 다른 스크립트"이기 때문에 스크립트를 멈춰 복제와 쫓기를 더는 하지 않도록 해야 합니다.

STEP 07 → 무대 – 게임오버 신호 받았을 때 알고리즘 작성

무대에도 승리하는 알고리즘이 동작하고 있습니다. 게임오버 신호를 받았을 때 멈추도록 하지 않으면, 게임오버를 하여도 60초가 될 때 승리라고 말하게 됩니다. 따라서 무대에도 승리 알고리즘을 멈추도록 코딩합니다.

이렇게 하여 쫓기는 다이버2 프로젝트를 완성하였습니다.

그런데 한 가지만 더 업그레이드해봅시다. 지금 다이버가 90°방향으로 고정이어서 피하는 데 조금 딱딱한 느낌이 있습니다. 다이버가 마우스 포인터를 계속 바라보도록 코딩하여 마우스 컨트롤과 함께 상어를 더욱 잘 피할 수 있도록 해봅시다.

① 마우스 포인터 쪽을 계속 바라보게 하여 다이버의 각도가 마우스를 움직일 때마다 잘 바뀝니다. 키보드와 마우스를 같이 컨트롤해서 더 재밌게 플레이할 수 있게 되었습니다.

그런데 피하는 건 수월해졌지만 그림처럼 다이버가 뒤집히는 경우가 있습니다. 쫓기는 다이버1에서 상어 모양을 복제해 상하를 뒤집은 방법으로 똑같이 코딩해주도록 합니다.

② 모양 탭으로 가서 diver1 모양을 우클릭 한 뒤 복사를 해줍니다.

③ 그리고 상하 뒤집기를 눌러 다음 그림과 같이 만들어줍니다.

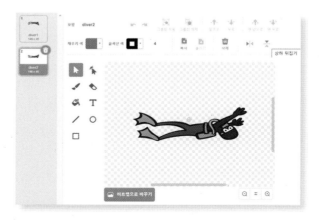

④ 다이버의 방향이 -가 된다면 왼쪽 방향으로 회전이 된 것이기 때문에 방금 만든 모양으로 변경해주도록 합니다. 아닐 땐 원래 모양으로 변경하도록 하여 훨씬 자연스러운 게임이 완성되었습니다.

Diver1

클릭했을 때

무한 반복하기

　마우스 포인터 ▼ 쪽 보기

　만약 　방향 < 0 　(이)라면

　　모양을 diver2 ▼ (으)로 바꾸기

　아니면

　　모양을 diver1 ▼ (으)로 바꾸기

클릭했을 때

x: 162 y: -128 (으)로 이동하기

무한 반복하기

　만약 위쪽 화살표 ▼ 키를 눌렀는가? (이)라면

　　y 좌표를 5 만큼 바꾸기

　만약 아래쪽 화살표 ▼ 키를 눌렀는가? (이)라면

　　y 좌표를 -5 만큼 바꾸기

　만약 오른쪽 화살표 ▼ 키를 눌렀는가? (이)라면

　　x 좌표를 5 만큼 바꾸기

　만약 왼쪽 화살표 ▼ 키를 눌렀는가? (이)라면

　　x 좌표를 -5 만큼 바꾸기

　만약 Crystal ▼ 에 닿았는가? (이)라면

　　점수 ▼ 을(를) 1 만큼 바꾸기

　　보석획득 ▼ 신호 보내기

　만약 Shark 2 ▼ 에 닿았는가? (이)라면

　　게임오버 ▼ 신호 보내기

게임오버 ▼ 신호를 받았을 때

멈추기 이 스프라이트에 있는 다른 스크립트 ▼

Die... 을(를) 2 초 동안 말하기

승리 ▼ 신호를 받았을 때

멈추기 이 스프라이트에 있는 다른 스크립트 ▼

살았다! 와(과) 점수 결합하기 와(과) 점 획득! 결합하기 을(를) 2 초 동안 말하기

Shark 2

▶ 클릭했을 때

x: -159 y: 101 (으)로 이동하기

0.2 초 기다리기

무한 반복하기

Diver1 ▼ 쪽 보기

1 부터 5 사이의 난수 초 동안 Diver1 ▼ (으)로 이동하기

▶ 클릭했을 때

무한 반복하기

3 초 기다리기

나 자신 ▼ 복제하기

복제되었을 때

크기를 50 %로 정하기

밝기 ▼ 효과를 50 만큼 바꾸기

무한 반복하기

Diver1 ▼ 쪽 보기

1 부터 5 사이의 난수 초 동안 Diver1 ▼ (으)로 이동하기

게임오버 ▼ 신호를 받았을 때

멈추기 이 스프라이트에 있는 다른 스크립트 ▼

승리 ▼ 신호를 받았을 때

멈추기 이 스프라이트에 있는 다른 스크립트 ▼

▶ 클릭했을 때

무한 반복하기

만약 150 > Diver1 ▼ 까지의 거리 (이)라면

만약 방향 < 0 (이)라면

모양을 shark2-b2 ▼ (으)로 바꾸기

아니면

모양을 shark2-b ▼ (으)로 바꾸기

아니면

만약 방향 < 0 (이)라면

모양을 shark2-a2 ▼ (으)로 바꾸기

아니면

모양을 shark2-a ▼ (으)로 바꾸기

복제되었을 때

무한 반복하기

만약 150 > Diver1 ▼ 까지의 거리 (이)라면

만약 방향 < 0 (이)라면

모양을 shark2-b2 ▼ (으)로 바꾸기

아니면

모양을 shark2-b ▼ (으)로 바꾸기

아니면

만약 방향 < 0 (이)라면

모양을 shark2-a2 ▼ (으)로 바꾸기

아니면

모양을 shark2-a ▼ (으)로 바꾸기

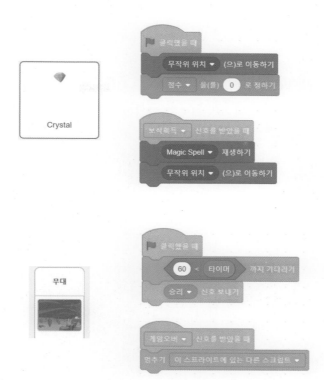

업그레이드하기

기발한 아이디어 고민해보고 추가하기

이번 장에서는 복제와 신호를 배워 사용해보고 여태까지 배웠던 변수와 같은 개념들도 응용해보면서 쫓기는 다이버 1을 더욱 재밌는 게임으로 거듭나도록 만들었습니다. 지금까지 해본 예제 중 가장 게임스러운 예제를 실습 해보았고 앞으로 몇 개의 개념을 더 습득한 뒤에는 이와 같은 예제들을 더 만들어 보도록 할 것입니다. 간단한 이런 예제들을 더 다뤄보면서 "소프트웨어의 개발이 이런 프로세스로 진행하는구나."라는 것을 조금이나마 느낄 수 있으면 하는 바람입니다.

완성된 쫓기는 다이버2를 자신만의 색다른 아이디어를 추가해서 업그레이드 해봅시다. 예를 들어, 상어를 복제하는 시간을 줄이고 다이버에게 무기를 쥐어줘 게임을 더 재밌게할 수도 있습니다. 위의 그림은 마우스를 클릭하면 다이버가 닭을 발사하여 아기 상어들을 없앨 수 있도록 변경한 예입니다. 닭을 발사한다는 게 엉뚱하지만 이런 요소가 게임을 더 재밌게 하기도 합니다. 자신만의 기발한 아이디어를 추가해 자신만의 게임으로 거듭나도록 해봅시다.

완성본 참고: https://scratch.mit.edu/projects/36110857

프로젝트 알아보기

10

기본예제10

공룡 소개하기

http://bit.ly/2tqoPh4

개요

왼쪽 공룡이 3가지 질문을 합니다. 우리가 키보드로 답변을 입력하고, 3가지 질문에 대한 답변을 모두 완료하면 오른쪽 공룡이 자기소개를 합니다. 컴퓨터로 입력을 받는 법을 배워봅니다.

알고리즘

🚩 **클릭했을 때**

1. 너의 이름은? 이라고 묻는다.
2. 답변을 입력한다.
3. 고향은?이라고 묻는다.
4. 답변을 입력한다.
5. 전공은? 이라고 묻는다.
6. 답변을 입력한다.

이 스프라이트를 클릭했을 때

1. "내 이름은 ○○○(이)야."라고 2초 동안 말한다.
2. "고향은 ○○○이고,"라고 2초 동안 말한다.
3. "AI전문가가 되기 위해 ○○○을(를) 공부하고 있어."라고 2초 동안 말한다.

~를 묻고 기다리기

What's your name? 라고 묻고 기다리기 : ~를 묻고 사용자의 입력을 기다립니다.

우리는 평소 스마트폰 또는 컴퓨터의 수많은 소프트웨어를 사용하면서 자연스럽게 정보를 입력하곤 하였습니다. 예를 들어, 스마트폰으로 상대방에게 메시지를 전달할 때 키보드 패널을 통해서 전달할 메시지를 작성합니다. 또는 컴퓨터로 문서작업이나 검색 등의 작업을 할 때 키보드를 사용해서 정보를 입력합니다. 스크래치에서는 사용자의 입력을 받을 수 있도록 블록을 제공하고 있습니다. 아래 그림처럼 코딩하고 실행하면 키보드를 통해 입력할 수 있습니다.

입력란에 정보를 키보드로 타이핑하고 Enter 또는 입력란의 오른쪽 확인✅ 아이콘을 누르면 됩니다. 입력한 정보는 대답 블록에 저장됩니다. 체크박스를 클릭해 체크 표시로 해두면 대답 Jhon 변수처럼 저장된 값을 볼 수 있습니다.

스크래치를 실행하면서 키보드의 입력(Input)을 받을 수 있게 입력 스트림이 생성 되고, What's your name? 라고 묻고 기다리기 블록은 키보드의 입력을 받도록 만들어주는 기능을 구현해놓은 블록인 것입니다.

코딩

STEP 01 → 스프라이트와 배경 추가

Dinosaur4

Dinosaur1

Jurassic

Dinosaur4 스프라이트와 Dinosaur1 스프라이트를 추가합니다. Jurassic 배경도 추가해줍니다.

스프라이트 이름들을 바꿔주도록 합시다. Dinosaur4는 티라노, Dinosaur1은 다이노로 이름을 변경해줍니다.

STEP 02 → 티라노 스크립트 작성

티라노의 알고리즘

❶ 너의 이름은? 이라고 묻는다.

❷ 답변을 입력한다.

❸ 고향은? 라고 묻는다.

❹ 답변을 입력한다.

❺ 전공은? 이라고 묻는다.

❻ 답변을 입력한다.

📗클릭했을 때 를 가져온 뒤 What's your name? 라고 묻고 기다리기 를 붙여줍니다. 다음으로 내용을 "너의 이름은?"으로 수정해줍니다. 그리고 ☐ 대답 의 체크박스를 체크하여 실행 화면에 출력되도록 해줍니다. 잠깐 티라노의 코딩을 멈추고 다이노가 이름을 잘 대답하도록 먼저 코딩해봅시다.

다이노의 알고리즘

❶ 이 스프라이트를 클릭한다.

❷ "내 이름은 ○○○(이)야."라고 2초 동안 말한다.

❸ "고향은 ○○○이고,"라고 2초 동안 말한다.

❹ "AI전문가가 되기 위해 ○○○을(를) 공부하고 있어."라고 2초 동안 말한다.

 그림처럼 다이노를 클릭하면 (대답)을 2초 동안 말하도록 합니다. 그리고 실행한 뒤 이름을 입력하고 다이노를 클릭해봅시다.

아래 그림처럼 대답에는 입력한 이름이 저장되고, 다이노는 대답에 저장되어 있는 이름을 잘 말하는 것을 볼 수 있습니다. 다음 알고리즘들도 마저 코딩해봅시다. 다시 티라노로 돌아가봅시다.

STEP 04 → 티라노 스크립트 이어서 작성

What's your name? 라고 묻고 기다리기 를 2개 더 붙여준 다음 그림처럼 내용을 수정해줍니다.

❶ 실행하고 입력을 해봅시다. "너의 이름은?" 질문에 대답을 입력하면 대답 다이노 로 저장됩니다. "어디서 왔니?"라는 질문에 대답을 입력하면 앞서 입력했던 정보는 삭제되고 대답 부산 로 저장되고, "전공은 뭐니?"라는 질문에 입력하면 마찬가지로 앞서 입력했던 정보가 삭제되고 대답 AI 콘텐츠 로 저장됩니다.

위에서 볼 수 있듯이 대답 에는 한 가지 정보만 저장됩니다. 대답 은 변수와 같이 정보를 저장하지만, 마지막으로 입력받은 정보만 저장한다는 것입니다. 이름, 고향, 전공에 대해 입력을 받았지만 지워져 사용할 수가 없습니다. 이를 저장하기 위해선 어떤 방법이 필요할까요? 바로 변수입니다. 변수에 대해 처음 소개했을 때 그 중요성을 많이 강조했습니다. 컴퓨터에서 기본적으로 다루는 모든 것들은 정보(Data)이며 우리는 이 정보를 잘 저장하여야 필요한 곳에서 사용할 수 있습니다.

☐ 고향
☐ 이름   '고향', '이름', '전공' 변수를 만들어줍니다. 그리고 티라노의 코드를 수정하도록
☐ 전공   합니다.

② 이름 정하기 블록을 다음과 같이 삽입해줍니다.

③ 그리고 대답 블록을 동그란 자리에 끼워줍니다.

④ '너의 이름은? 묻고 기다리기'에서 입력한 이름이 대답에 저장이 되고, 그 대답을 다시 '이름' 변수에 정해주는 것입니다.

나머지 '고향'과 '전공'도 같은 방식으로 마저 코드를 완성해줍니다.

이제 모든 정보가 각각의 변수에 저장이 잘 되었습니다. 다이노 스프라이트가 소개를 잘 하도록 코딩해봅시다.

STEP 05 → 다이노 스크립트 이어서 작성

① 이름과 고향, 전공을 각각 2초 동안 말하도록 코딩합니다.

티라노의 질문에 대답을 순서대로 잘 입력한 뒤,

다이노를 클릭하면 입력한 단어를 순서대로 말을 합니다. 문장으로 말할 수 있도록 변경해 봅시다.

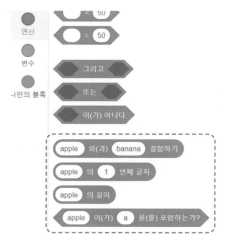

연산 블록 모음의 아래쪽에 글자 관련 블록들이 있습니다.

apple 와(과) banana 결합하기 블록이 글자를 합칠 수 있는 블록입니다.

② 말하기 블록에 결합한 뒤 실행하면 apple banana라고 말하게 됩니다. 왼쪽과 오른쪽의 말을 이어 붙여 주는 블록입니다. 이 블록을 이용해서 말을 합쳐봅시다.

③ 먼저 빈공간으로 를 가져다 놓습니다. 그리고 apple 자리에 이름을 결합합니다. banana 자리는 "(이)야."라고 적어줍니다.

또 빈공간으로 apple 와(과) banana 결합하기 를 가져다 놓고, apple 자리에 "내 이름은"이라고 작성해줍니다.

④ 스크래치에서 둥근 모양의 자리엔 둥근 모양들은 모두 결합이 가능합니다. 중첩으로 결합하고 또 결합하는 게 가능하단 뜻입니다. banana 자리에 앞에서 만든 블록을 결합합니다. 드래그로 블록을 결합하려고 가져갔을 때, 결합이 가능하다면 아래처럼 흰색 테두리로 강조 표현이 됩니다.

아래와 같은 블록이 완성됩니다. 이 블록을 말하기 블록에 결합하도록 합니다.

⑤ 이름을 다이노라고 입력한다면 최종적으로 "내 이름은 다이노 (이)야." 라고 2초간 말하게 됩니다.

6 고향과 전공도 마저 아래 그림처럼 코드를 완성 시켜봅시다. 이제 실행시켜 다시 한번 입력을 해봅시다.

아래와 같이 깔끔한 문장으로 말을 잘 하는 것을 볼 수 있습니다.

STEP 06 → 한 문장으로 말하도록 업그레이드하기

마지막으로 한 가지만 더 응용해보도록 하겠습니다. 이제는 한 문장을 말하도록 해봅시다. 여기서 간단히 생각할 수 있는 방법은 글자 결합하기 블록을 여러 번 사용해서 결합하고 또 결합하는 방법을 생각할 수 있습니다. 물론 이렇게 해도 되지만 코드가 너무 많이 결합 되면 굉장히 복잡해 보입니다.

1 우선 아래처럼 만들었던 말하기 블록들을 살짝 분리해 놓습니다.

2 그리고 를 결합하고 "내 이름은~"블록을 빼내어 정하기에 결합
해줍니다.

3 아래 블록처럼 완성이 됩니다. 이름 변수를 다시 "내 이름은 다이노 (이)야."로 정해주
는 것입니다. 블록의 실행순서는 기본적으로 연산을 먼저 하게 됩니다. 따라서 먼저 이
름 변수 값인 "다이노"를 가져와 한 문장으로 결합을 한 뒤, 다시 이름 변수로 값을 정
해주므로 이름 변수에는 이제 문장이 저장되게 됩니다.

4 나머지 변수들도 똑같이 코딩하여 스크립트를 완성합니다.

5 마지막으로 말하기 블록을 결합해주고 이름, 고향, 전공 변수를 결합하여 말하도록 합
니다. 이제 한 문장이 되어 더 길어졌으므로 4초 동안 말하도록 합니다.

공룡 소개하기 프로젝트를 완성하였습니다.

전체 스크립트

Dinosaur4

```
클릭했을 때
너의 이름은? 라고 묻고 기다리기
이름 ▼ 을(를) 대답 로 정하기
어디서 왔니? 라고 묻고 기다리기
고향 ▼ 을(를) 대답 로 정하기
전공은 뭐니? 라고 묻고 기다리기
전공 ▼ 을(를) 대답 로 정하기
```

Dinosaur1

```
이 스프라이트를 클릭했을 때
이름 ▼ 을(를) 내 이름은 와(과) 이름 와(과) (이)야. 결합하기 결합하기 로 정하기
고향 ▼ 을(를) 고향은 와(과) 고향 와(과) 이고, 결합하기 결합하기 로 정하기
전공 ▼ 을(를) AI전문가가 되기 위해 와(과) 전공 와(과) 을(를) 공부하고 있어. 결합하기 결합하기 로 정하기
이름 와(과) 고향 와(과) 전공 결합하기 결합하기 을(를) 4 초 동안 말하기
```

11

http://bit.ly/2QdDt33

응용예제1

계산하는 로봇들 만들기

개요

두 수를 입력하면 계산 결과를 로봇들이 알려줍니다. 이번 장에서는 연산 블록 모음의 여러 연산자 블록들을 사용해보도록 합니다.

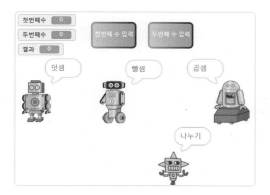

 알고리즘

첫번째 수 입력	**이 스프라이트를 클릭했을 때** 1. 첫 번째 수를 입력받는다. 2. 첫 번째 수 변수에 저장한다.
두번째 수 입력	**이 스프라이트를 클릭했을 때** 1. 두 번째 수를 입력받는다. 2. 두 번째 수 변수에 저장한다.

🏳 **클릭했을 때**

덧셈이라고 말한다.

이 스프라이트를 클릭했을 때

1. 첫 번째 수와 두 번째 수를 더한다.
2. "결과는 ..○입니다!" 라고 말한다.

🏳 **클릭했을 때**

뺄셈이라고 말한다.

이 스프라이트를 클릭했을 때

1. 첫 번째 수와 두 번째 수를 뺀다.
2. "결과는 ..○입니다!" 라고 말한다.

🏳 **클릭했을 때**

곱셈이라고 말한다.

이 스프라이트를 클릭했을 때

1. 첫 번째 수와 두 번째 수를 곱한다.
2. "결과는 ..○입니다!" 라고 말한다.

🏳 **클릭했을 때**

나누기라고 말한다.

이 스프라이트를 클릭했을 때

1. 첫 번째 수와 두 번째 수를 나눈다.
2. "몫은 ○이고, 나머지는○입니다." 라고 말한다.

코딩

이번 장에서는 스프라이트를 한번에 추가한 뒤 진행하지 않고 하나씩 만들면서 스프라이트 복사 기능을 사용해보도록 하겠습니다.

STEP 01 → 스프라이트 추가

Button3 스프라이트를 추가하여 적당한 위치로 옮겨줍니다.

STEP 02 → 버튼 스크립트 작성

버튼의 알고리즘

❶ 첫 번째 수/두 번째 수를 입력받는다.

❷ 첫 번째 수/두 번째 수 변수에 저장한다.

❶ 모양 탭으로 이동한 다음 T를 눌러줍니다. 그리고 화면을 클릭하면 아래처럼 커서가 깜빡거리면서 글을 쓸 수 있는 상태가 됩니다.

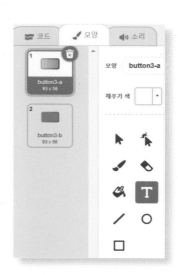

❷ "첫 번째 수 입력"이라고 적어줍니다. 글씨가 커 화면을 넘어가지만 상관없습니다.

③ 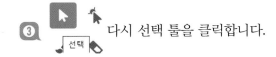 다시 선택 툴을 클릭합니다.

④ 선택 툴을 선택하면 객체들의 위치 이동, 크기 조절, 회전
이 가능해집니다. 글상자를 버튼 안에 들어오도록 위치와
크기를 조절하여 첫 번째 수 입력 버튼을 완성합니다.

⑤ 다음으로 '첫번째수', '두번째수', '결과' 변수를 만들어줍니다. 체크박스
를 체크 하여 실행 화면에 표시되도록 합니다.

⑥ 묻고 기다리기와 변수의 정하기를 사용해서 첫 번
째 수를 입력받아 저장합니다.

⑦ 버튼 스프라이트에서 우클릭하면 메뉴가 출력됩니다. 출력된
메뉴 중 복사를 클릭하도록 합니다. Button2라는 이름으로 복사
된 스프라이트가 생성됩니다.

⑧ 복사된 버튼도 적당한 위치로 옮긴 뒤, 모양 탭으로
가 T 툴을 선택한 뒤에 글자를 클릭합니다. 글자 수
정이 가능해지며 "두번째 수 입력"으로 수정합니다.

⑨ 코드까지 모두 복사가 되어있기에 글과 변수만 바
꿔주기만 하면 됩니다. 그림처럼 코드를 수정해줍
니다.

버튼들의 코딩이 끝났습니다.

Retro Robot 스프라이트를 추가하여 적당한 위치로 옮겨줍니다.

STEP 04 → 로봇 스크립트 작성

로봇의 알고리즘

❶ 시작하면 덧셈/뺄셈/곱셈/나눗셈 이라고 말한다.

❷ 스프라이트를 클릭하면 덧셈/뺄셈/곱셈/나눗셈 결과를 말한다.

① 먼저 깃발을 클릭했을 때 무슨 계산을 해주는지 말하도록 코딩합니다. "덧셈"을 2초 동안 말하도록 합니다.

② 스프라이트를 클릭했을 때 계산을 하도록 할 것입니다. 먼저 결과 변수를 정할 수 있도록 합니다. 둥근 블록 자리에 이제 연산 블록을 결합해야합니다.

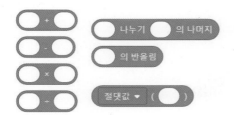

연산 블록 모음엔 다양한 연산자를 지원합니다. 기본적인 사칙연산과 몇 가지 수학 함수까지 지원합니다. 우선 기본 사칙연산 블록들을 사용해보도록 합시다.

③ 을 가져와 결합해줍니다. 앞쪽은 첫 번째 수 변수를 뒤쪽은 두 번째 수 변수를 결합해 덧셈 공식을 완성합니다. 이제 스프라이트를 클릭하게 되면 덧셈 결과가 결과 변수에 잘 저장됩니다.

④ 글자 결합하기 블록으로 "결과는..○입니다!"를 말할 수 있도록 아래와 같이 코딩해줍니다.

⑤ 로봇도 복사하도록 합니다. 적당한 위치로 이동시킨 뒤 모양 탭에서 2번째 모양으로 선택해줍니다.

⑥ 마찬가지로 복사된 코드에서 내용만 바꿔주면 됩니다. 그림처럼 뺄셈 내용을 수정해줍니다.

⑦

똑같은 방법으로 로봇을 복사한 뒤 코드를 수정하여 곱셈 로봇도 만들어줍니다.

나누기를 하는 로봇은 다른 스프라이트를 추가하도록 하겠습니다.

[STEP 05] → 스프라이트 추가

Robot 스프라이트를 추가하여 적당한 위치로 옮겨줍니다.

① 앞의 로봇들과 마찬가지로 코딩을 해줍니다. 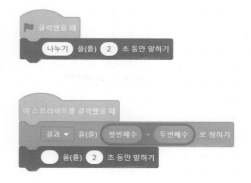 ● + ● 를 사용해서 결과를 정합니다. 스크래치에서 나누기는 소수점 자리의 결과까지 연산 됩니다.

예를 들어, 5를 2로 나누면 2.5가 되고, 10을 3으로 나누면 3.33으로 연산 됩니다(정확하게는 3.333333이 됨).

② 몫과 나머지를 말할 수 있도록 해봅시다. 몫을 출력하기 위해선 절댓값 ▼ (●) 블록을 사용해야 합니다. 이 블록의 절댓값을 누르면 스크래치에서 지원하는 수학 함수들을 볼 수 있습니다.

버림을 선택하여 가지고 옵니다. 적당한 빈 공간에 버림 ▼ (결과) 으로 코딩해놓습니다. 몫은 계산 되었고 이제 나머지를 구하도록 해봅시다.

● 나누기 ● 의 나머지 나머지는 이 블록을 사용해서 계산할 수 있습니다. 마찬가지로 적당히 빈 공간에 첫번째수 나누기 두번째수 의 나머지 으로 코딩해놓습니다. 이제 이 블록들을 연속해서 글자 결합하기로 결합해주면 됩니다.

"몫은 ○이고,"가 될 수 있게 글자 결합을 해줍니다.

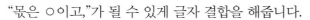

③ "나머지는 ○입니다."가 될 수 있게 글자 결합을 해줍니다.

④ 이제 이 두 블록을 한번 더 글자 결합하기로 결합해주면 됩니다. 말하기에 결합해 아래와 같이 최종적으로 나누기 결과를 말하도록 완성합니다.

이제 실행한 뒤에 프로그램을 한번 동작시켜봅시다. 모든 로봇들이 결과 값을 잘 말하는 것을 볼 수 있습니다.

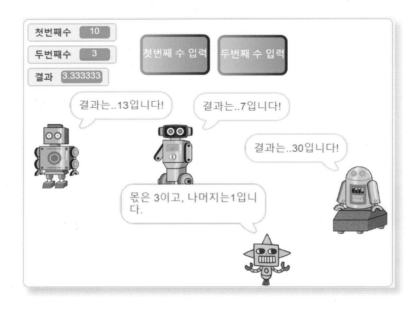

Button3

이 스프라이트를 클릭했을 때
첫번째 수를 입력하세요. 라고 묻고 기다리기
첫번째수 ▼ 을(를) 대답 로 정하기

이 스프라이트를 클릭했을 때
두번째 수를 입력하세요. 라고 묻고 기다리기
두번째수 ▼ 을(를) 대답 로 정하기

▶ 클릭했을 때
뺄셈 을(를) 2 초 동안 말하기

이 스프라이트를 클릭했을 때
결과 ▼ 을(를) 첫번째수 - 두번째수 로 정하기
결과는... 와(과) 결과 와(과) 입니다 결합하기 결합하기 을(를) 2 초 동안 말하기

Retro Robot

▶ 클릭했을 때
덧셈 을(를) 2 초 동안 말하기

이 스프라이트를 클릭했을 때
결과 ▼ 을(를) 첫번째수 + 두번째수 로 정하기
결과는... 와(과) 결과 와(과) 입니다 결합하기 결합하기 을(를) 2 초 동안 말하기

▶ 클릭했을 때
곱셈 을(를) 2 초 동안 말하기

이 스프라이트를 클릭했을 때
결과 ▼ 을(를) 첫번째수 × 두번째수 로 정하기
결과는... 와(과) 결과 와(과) 입니다 결합하기 결합하기 을(를) 2 초 동안 말하기

업그레이드하기

다른 연산자 사용해보기

앞에서 배운 묻고 기다리기, 변수를 사용하면서 연산 블록들을 더 자세히 사용해보았습니다. 이번 예제에선 간단한 사칙연산 블록과 그리고 나머지 블록 정도만 사용해보았습니다. 예제는 간단한 계산을 해보았지만, 위의 그림처럼 더 복잡한 계산을 해봅시다. 또는 다른 수학 함수들을 사용해서 결과를 만들어내는 예제로 업그레이드를 시켜봅시다.

12

응용예제2
구구단을 외자

http://bit.ly/370Vfgp

개요

파란 강아지가 구구단을 외자 게임을 합니다. 랜덤하게 구구단 문제를 냅니다.
답을 입력하면 정답과 오답을 알려줍니다.

알고리즘

🚩 클릭했을 때

1. "구구단을 외자"라고 두 번 말한다.
2. "음..."이라며 생각한다.
3. 구구단 문제를 낸다.
4. 정답이 맞다면 정답 신호를 보낸다.
5. 정답이 틀리면 오답 신호를 보낸다.

정답/오답 신호를 받았을 때

1. 모양을 O/X모양으로 바꾼다.
2. 모양을 보인다.
3. 2초 기다린다.
4. 모양을 숨긴다.

코딩

지금까지 배운 개념을 모두 활용해서 구구단을 외자 프로젝트를 만들어 보도록 하겠습니다.

STEP 01 → 스프라이트와 배경 추가

Dog2 스프라이트와 Chakboard 배경을 추가합니다.

다음으로 정답과 오답을 표현하는 스프라이트를 직접 만들어 보도록 합시다.

'그리기'를 클릭해 줍니다.

채우기 색을 파란색으로 설정해줍니다.

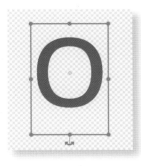

다음과 같이 O라고 글을 써준 뒤 선택 툴로 크기를 키워줍니다. 그리고 정중앙을 맞춰 자리를 잘 조절해줍니다.

 모양 리스트의 O모양에서 마우스 우클릭을 한 뒤 복사를 해줍니다.

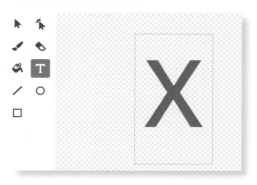 글상자 도구를 선택하여 O를 클릭한 뒤 X로 변경해줍니다. 그리고 색깔도 빨간 계열이 될 수 있도록 변경해줍니다.

 스프라이트 이름을 '정답오답'으로 변경합니다. 그리고 모양을 숨기도록 보이지 않기로 설정합니다.

STEP 02 → **강아지 스크립트 작성**

강아지의 알고리즘

❶ "구구단을 외자"라고 두 번 말한다.

❷ "음…"이라며 생각한다.

❸ 구구단 문제를 낸다.

❹ 정답이 맞다면 정답 신호를 보낸다.

❺ 정답이 틀리면 오답 신호를 보낸다.

❻ ❷~❺를 계속 반복한다.

생각하는 모양의 **dog2-c**를 선택하여 모양을 변경해줍니다. 그런 다음 아래처럼 왼쪽 모서리 쪽으로 강아지를 드래그하여 이동시켜줍니다.

① 이제 코딩을 시작해 봅시다. 먼저 "구구단을 외자~"를 두 번 말하도록 합니다.

'단', '수', '정답' 변수를 만들어줍니다. 여기서 단은 구구단의 단입니다. 2단, 3단, 4단 … 몇 단인지의 정보를 저장합니다.

'수' 변수는 단에 곱해질 수입니다.

'정답' 변수는 사용자의 대답이 정답인지 아닌지를 판단하기 위해 구구단 결과를 저장해둔 변수입니다.

② '단' 변수와 '수' 변수를 정하도록 다음과 같이 코딩해줍니다.

구구단의 단은 2단부터 9단까지입니다. 그렇기 때문에 무작위로 문제를 낼 수 있도록 지정해야할 범위가 2부터 9까지입니다.

③ 무작위 수 블록을 2부터 9까지로 변경하여 '단' 변수 정하기에 결합해줍니다.

④ 구구단에서 단마다 곱해지는 수는 1부터 9까지입니다. 따라서 '수' 변수를 1부터 9까지로 무작위 수를 정해주도록 합니다.

⑤ 이제 강아지가 문제를 내야 합니다. 문제를 내기 전 "음..." 하고 생각을 합니다. 생각한 뒤에 문제를 내도록 만듭니다.

글자 결합하기 블록을 4개 사용합니다. '단' 변수 + 'X' + '수' += ? 연산자를 제외하면 4가지 항목이므로 결합하기도 4개를 사용해야 합니다. 글자 결합하기를 뒤에서부터 합쳐 나간다 생각하면 쉽게 만들 수 있습니다.

⑥ 이제 정답과 오답을 판단하도록 코딩해봅시다.

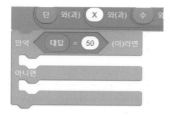

묻고 기다리기 다음에 입력한 값인 대답이 정답인지 비교할 수 있도록 다음과 같이 코딩합니다. 오른쪽 둥근 자리에는 [단 × 수] 가 들어가도 됩니다. 그러나 알고리즘을 보다 가독성 있게 표현하도록 정답 변수를 활용해 봅시다.

'단' 변수를 2단부터 9단 중 무작위로 정하고, '수' 변수를 1부터 9까지의 수 중 무작위로 정한 바로 다음에 곱하여 정답을 구해놓도록 합니다.

❼ 강아지는 문제 출제자이기에 정답을 알고 있어야 하므로 순서에 맞게 이렇게 코딩하는 게 보다 가독성이 높아지고 알고리즘이 명확해지는 것입니다.

❽ 정답과 오답을 판단하는 알고리즘을 마저 완성해봅시다. 우리가 입력한 대답이 정답과 같을 때, 정답을 말하고 정답 신호를 보냅니다. 오답일 땐 오답을 말하고 오답 신호를 보내도록 합니다.

실행하면 강아지가 문제를 잘 냅니다. 정답을 입력하고 Enter를 눌러봅니다.

정답이라고 말을 잘 합니다. 전체적으로 코드가 잘 만들어진 것 같습니다.

⑨ 이제 문제를 계속 내도록 반복하기를 끼워 코드를
완성해봅시다.

칠판에 정답/오답을 표현할 수 있도록 '정답오답' 스프라이트를 코딩하도록 하겠습니다.

STEP 03 → 정답오답 스크립트 작성

정답오답의 알고리즘

❶ 모양을 정답/오답 모양으로 바꾼다.

❷ 모양을 보인다.

❸ 2초 기다린다.

❹ 모양을 숨긴다.

❶ 간단한 코드이므로 바로 코딩을 해봅
시다. 오른쪽 그림과 같이 정답, 오답
신호를 받았을 때 각각 모양을 상황
에 맞게 잘 바꾸도록 코딩해줍니다.

이제 게임이 잘 동작하는지 테스트를 해봅시다.

아까와 마찬가지로 문제가 출제되면 정답을 입력합니다.

정답을 맞추면 화면에 O가 잘 나타납니다. 그런데 정답이라고 말했던 강아지가 정답이란 말은 하지 않고 바로 게임을 시작합니다.

그 이유는 바로 정답과 오답을 판단하는 알고리즘에서 정답과 오답 신호를 바로 보내고 있기 때문입니다.

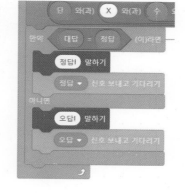는 신호를 보내고 다음 실행 순서를 바로바로 진행합니다. 따라서 정답을 말한 뒤에 신호를 보내고 반복하기로 인해 다시 처음부터 실행하면서 "구구단을 외자~"를 말하게 되는 것입니다. 따라서 컴퓨터는 "정답!"을 분명히 말하지만 우리는 볼 수가 없는 것입니다.

❷ "신호 보내기"를 지우고, "보내고 기다리기"로 바꿔줍니다. 오답 신호도 마찬가지로 바꿔주도록 합니다. 그런 다음 다시 실행해봅시다.

정답을 맞추면 "정답!"이란 말을 잘하고 어느 정도 있다가 다시 구구단 게임을 하는 것을 볼 수 있습니다.

블록은 신호를 보내고 이 신호를 받은 곳의 알고리즘이 모두 끝날 때까지 기다리는 블록입니다.

따라서, 정답오답 스프라이트의 알고리즘이 모두 끝날 때까지 기다린 다음에서야 다시 구구단 게임을 시작하는 것입니다. 정답오답 알고리즘엔 2초 기다리기가 있기 때문에 약 2초 정도를 기다리게 되는 것입니다.

구구단을 외자 프로젝트를 완성하였습니다.

전체 스크립트

Dog2

```
클릭했을 때
무한 반복하기
    구구단을 외자~ 구구단을 외자~ 을(를) 2 초 동안 말하기
    단 ▼ 을(를) 2 부터 9 사이의 난수 로 정하기
    수 ▼ 을(를) 1 부터 9 사이의 난수 로 정하기
    정답 ▼ 을(를) 단 × 수 로 정하기
    음... 을(를) 1 초 동안 생각하기
    단 와(과) X 와(과) 수 와(과) =? 결합하기 결합하기 결합하기 라고 묻고 기다리기
    만약 대답 = 정답 (이)라면
        정답 말하기
        정답 ▼ 신호 보내고 기다리기
    아니면
        오답 말하기
        오답 ▼ 신호 보내고 기다리기
```

업그레이드하기

점수를 내도록 해보기

묻고 기다리기와 연산자 블록의 곱셈, 무작위 수를 이용해 아주 간단한 구구단을 외자 게임을 완성하였습니다. 보다 더 게임같이 만들어 봅시다. 점수를 추가해 100점, 80점 이상, 50점 이상일 때 각각 다른 말을 하도록 만들어 봅시다. 할 수 있다면 100점일 때는 더 멋진 효과를 내도록 해봅시다.

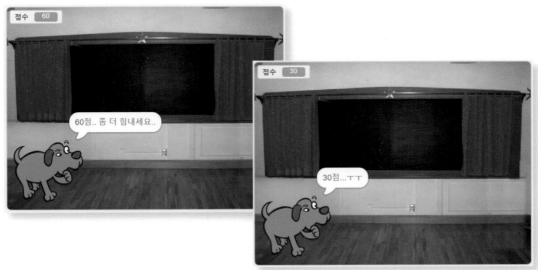

완성본 참고: https://scratch.mit.edu/projects/35407825

13

http://bit.ly/2ESBhZi

응용예제3
불가사리 잡기

개요

불가사리가 랜덤한 위치로 계속 이동합니다. 이 불가사리를 클릭하면 점수가 무작위만큼 증가합니다. 이번 프로젝트에선 게임처럼 점수를 텍스트로 표현하는 방법을 배워봅니다.

알고리즘

🚩 클릭했을 때

무작위 위치로 0.5초마다 이동한다.

이 스프라이트를 클릭했을 때

1. 놀라는 모양으로 바꾼다.
2. 점수를 1 ~ 10만큼 증가한다.
3. 원래 모양으로 바꾼다.

🚩 클릭했을 때

1. '점수' 변수의 길이가 '자릿수' 변수 보다 크다면 '자릿수'를 1 증가 시킨다.
2. X좌표를 30만큼 바꾼다.
3. 자신을 복제한다.

복제되었을 때

모양을 '점수'의 '자릿수' 번째 글자 모양으로 바꾼다.

이 알고리즘이 무슨 말인지 이해하기가 지금은 어려울 것입니다. 다음 내용들을 진행하면서 차근차근 이해해보도록 합시다.

변수 더 자세히 알아보기

변수에 대해 좀 더 자세히 알아보도록 합시다. 스크래치에서 변수는 두 가지 종류가 있습니다. 변수를 만들 때, "모든 스프라이트에서 사용"과 "이 스프라이트에서만 사용" 두 가지 타입 중 한 가지를 선택해 변수를 만들 수 있습니다.

모든 스프라이트에서 사용

지금까지 만든 프로젝트 중 변수를 사용한 예제들은 모두 "모든 스프라이트에서 사용"으로 변수를 만들었습니다. 말 그대로 프로젝트 내 모든 스프라이트들은 이 변수를 사용할 수 있게 됩니다. 앞서 개발했던 예제들은 모두 이 타입의 변수들을 만들어 사용했었습니다. 다시 자세한 예를 통해서 이 개념을 충분히 이해해보도록 합시다.

새로 만들기를 하고 고양이를 적당히 왼쪽 아래로 이동시킵니다. 그리고 스트레칭 횟수를 세기 예제에서 변수를 사용했던 Casey와, 공룡 소개하기 예제에 변수를 사용했던 Dinosaur4 스프라이트를 추가하고 적당히 아래쪽으로 배치합니다.

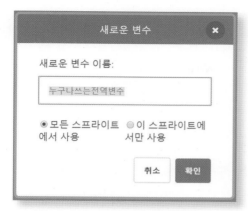

다음으로 변수를 만듭니다. "누구나쓰는전역변수"라는 이름으로 만들어줍니다. 타입은 모든 스프라이트에서 사용으로 선택합니다.

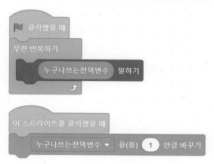

고양이에 먼저 다음과 같이 코딩합니다. 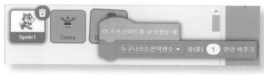 를 계속 말하도록 합니다. 그리고 스프라이트를 클릭하면 누구나쓰는전역변수를 1 증가시키도록 합니다.

코드들을 다른 스프라이트들에게 복사해줍니다. 드래그해서 Casey와 Dinosaur4 스프라이트에 옮겨 복사합니다.

'이 스프라이트를 클릭했을 때' 코드도 똑같이 복사합니다.

실행시킨 뒤 스프라이트들을 클릭해봅시다.

고양이도 클릭하고, Casey도 클릭하고, Dino-saur4도 클릭해봅시다. 누구를 클릭하던 클릭할 때마다 모두 다 똑같은 숫자를 말하는 것을 볼 수 있습니다. "누구나쓰는전역변수" 값을 누구를 클릭하던 1씩 증가시키고 있기 때문입니다.

이런 타입의 변수를 바로 전역변수라고 합니다. '전역'이란 단어의 뜻은 어떤 지역의 전체를 말합니다. "모든 스프라이트에서 사용"이란 말과 같은 뜻입니다. 이렇게 만든 변수는 위의 예를 통해 알 수 있듯이 누구나 사용할 수 있게 됩니다.

이 스프라이트에서만 사용

이제 "이 스프라이트에서만 사용"에 대해 알아봅시다.

Dog2 스프라이트를 추가합니다. 그리고 적당한 위치로 옮겨 줍니다.

변수를 만듭니다. 이름은 "나만쓰는지역변수"라고 작성합니다. 그리고 "이 스프라이트에서만 사용"을 선택해줍니다(꼭 Dog2 스프라이트를 선택하고 만들어야 합니다).

변수의 출력에서부터 이미 차이점이 보입니다. "이 스프라이터에서만 사용"을 선택하고 Dog2에서 변수를 만들었기 때문에 Dog2의 변수라는 뜻으로 "Dog2: 나만쓰는지역변수"로 만들어지는 것입니다.

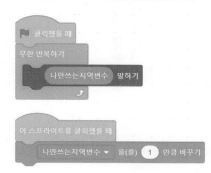

앞에서 만든 알고리즘과 똑같이 Dog2에도 만들어줍니다. 다만 "누구나쓰는전역변수"가 아니라 Dog2에서 만든 "나만쓰는지역변수"를 사용해서 만들어주도록 합니다.

당연하게도 Dog2를 누르면 "나만쓰는지역변수" 값이 올라가고 나머지 스프라이트들을 누르면 "누구나쓰는전역변수"값이 증가하게 됩니다.

Dog2에서 변수 블록 모음을 보면 다음과 같이 2개의 변수가 존재합니다. 전역변수인 "누구나쓰는전역변수"가 있고, Dog2만 쓸 수 있는 지역변수 "나만쓰는지역변수"가 있습니다.

고양이에서 변수 블록 모음엔 전역변수인 "누구나쓰는전역변수"만 있습니다. 고양이에서는 절대로 Dog2의 "나만쓰는지역변수"를 사용할 수가 없습니다.

이처럼 변수는 두 가지 타입이 있고 각각이 어떤 의미인지를 배웠습니다. 이제 이 개념을 보다 자세히 한번 알아봅시다.

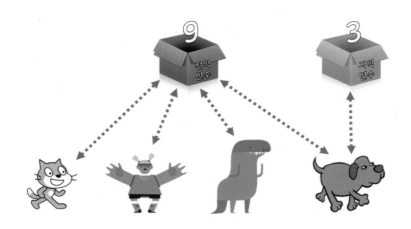

 전역 변수는 프로젝트 내에서 누구나 사용 가능합니다. 하지만, 지역변수로 만들어진 변수는 그 스프라이트만 사용가능합니다!

복제에서 지역변수(이 스프라이트에서만 사용) 사용해보기

복제에서는 이 개념들이 어떻게 될까요? 일단 당연하게도 전역변수인 "모든 스프라이트에서 사용"은 복제한 스프라이트들도 똑같이 사용 가능합니다. 복제된 고양이, 원본 고양이 누구를 클릭해도 변수가 1씩 증가하고 모두 똑같은 값을 말하게 됩니다.

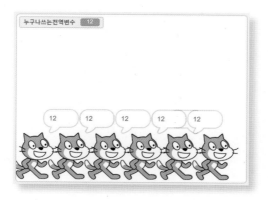

이번엔 "이 스프라이트에서만 사용"을 해봅시다. 먼저 "번호"라는 이름의 변수를 "이 스프라이트에서만 사용" 타입으로 만들어줍니다.

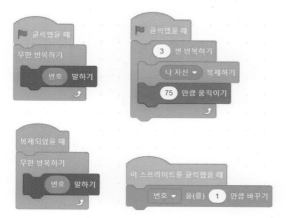

그리고 고양이에는 다음과 같이 코드를 작성해주도록 합시다. 복제본 고양이 3개를 만들고 똑같이 번호를 말하도록 하는 코드입니다. 스프라이트를 클릭하면 번호 변수 값을 1 증가시킵니다.

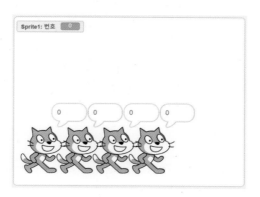

시작하자마자 고양이가 3마리 복제됩니다. 제일 오른편의 고양이가 원본 고양이입니다. 현재 번호 값인 0을 잘 말합니다. 자 이제 맨 왼쪽 고양이를 클릭해봅시다.

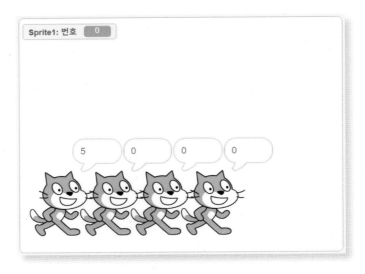

맨 왼쪽 고양이를 5번 클릭을 했습니다. 나머지 고양이들은 처음 값인 0을 그대로 말하고 있지만 맨 왼쪽 고양이는 5라고 말하고 있습니다. 다른 고양이들도 눌러보면 값들이 모두 다르게 변하는 것을 볼 수 있습니다. 이처럼 변수의 타입이 "이 스프라이트에서만 사용"일 때 스프라이트를 복제하면 이 변수 자체도 복제가 됩니다. 따라서 각각의 번호가 독립적으로 주어지게 되는 것입니다. 이 개념을 활용해서 프로젝트를 더욱 구체적으로 개발할 수 있습니다. 자세한 응용은 앞으로 프로젝트를 더 만들어 보며 배워보도록 하겠습니다.

이번 장에서는 점수 표현은 스프라이트를 직접 만들어서 해보도록 하겠습니다.

STEP 01 → 스프라이트와 배경 추가

Starfish 스프라이트와 Beach Malibu 배경을 추가합니다.

스프라이트 추가에서 '그리기'를 선택합니다.

아래처럼 바로 모양 탭으로 이동하게 되며 아무것도 없는 '모양 1' 이 만들어져 있습니다.

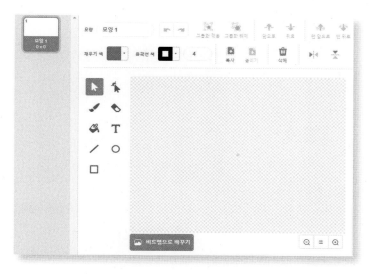

왼쪽의 그리기 도구들 중 'T'를 선택합니다.

정중앙 근처를 클릭한 뒤, 숫자 '1'이라고 적어줍니다.

채우기 색은 마음에 드는 색으로 적당히 선택합니다.

도구들 중 '선택' 도구를 클릭합니다. 그리고 숫자를 정중앙 위치에 맞춰준 다음 크기를 키워 줍니다. 숫자 크기는 실행 화면을 보면서 적당히 조절하면 됩니다.

숫자 1 모양에서 마우스 우클릭을 한 후 '복사'를 클릭합니다.

모양 2가 복사되어 만들어집니다. 'T' 도구 를 선택한 뒤 글자를 클릭합니다.

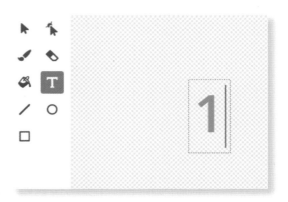

 텍스트 편집 모드가 되며, 1을 지운 다음 2라고 적어줍니다.

모양 2에서 마우스 우클릭을 한 뒤 복사를 하고 앞서 한 방법과 똑같이 하여 이번엔 3으로 고쳐줍니다. 이 방법을 반복해 숫자 0까지 만들어주면 됩니다.

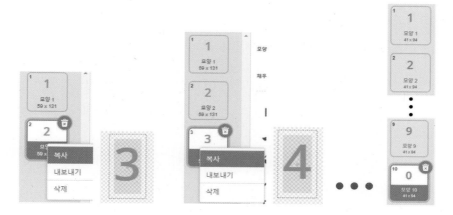

점수 표현을 위한 숫자 스프라이트가 완성되었습니다. 이제 불가사리 게임의 핵심 알고리즘을 코딩해봅시다.

→ **불가사리 스크립트 작성**

불가사리의 알고리즘
❶ 무작위 위치로 0.5초마다 이동한다.

이 스프라이트를 클릭했을 때
❶ 놀라는 모양으로 바꾼다.

❷ 점수를 1 ~ 10만큼 증가한다.

❸ 원래 모양으로 바꾼다.

① 크기 50 불가사리의 크기를 50으로 설정해 줍니다.

② 불가사리의 핵심 알고리즘인 '무작위 위치'로 '0.5초마다'
이동하도록 다음과 같이 코딩해줍니다.

③ 점수를 저장하기 위한 '점수' 변수를 만들어줍니다.

④ '이 스프라이트를 클릭했을 때' 점수를 증가시킬 수 있도록 아래와 같이 코딩합니다. 클
릭할 때마다 무작위 값만큼 점수가 올라가도록 합니다.

⑤ 놀라는 모습으로 바뀌었다가 다시 원래 모습으로 돌아오도록 합니다.

⑥ 좀 더 재밌게 소리도 추가해봅시다. 소리 탭을 이동하면
collect라는 소리가 기본으로 추가되어 있습니다. 삭제
버튼을 눌러 지워줍니다.

⑦ 다른 효과음 추가를 위해 '소리 고르기'를 눌러줍니다.

⑧ 태그에서 '효과'를 클릭한 뒤 'Boing'이란 소리를 찾아 클릭합니다.

⑨ 소리 재생 블록을 맨 앞에 추가하여 불가 사리를 클릭할 때마다 소리를 재생하도록 합니다.

깃발을 클릭하여 실행해봅시다. 불가사리가 화면에서 무작위 위치로 잘 움직이고, 클릭하면 점수가 랜덤하게 증가하는 것을 확인할 수 있습니다.

⑩ 시작할 때마다 점수를 0으로 정하도록 하여 매번 새롭게 시작할 수 있도록 만들어줍니다.

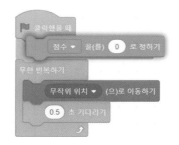

이제 점수 표현을 해보도록 합시다.

STEP 04 → 점수표현 스크립트 작성

점수 변수 값을 표현하기 위해서는 각 자릿수의 수들을 각각 자릿수별로 표현해야 합니다.

점수표현 알고리즘 설명

❶ 점수의 자릿수만큼 점수표현 스프라이트를 복제한다.

❷ 복제된 스프라이트들은 자릿수 번호를 가진다.

❸ 점수가 변할 때마다 점수의 자릿수 번째 모양으로 바꾼다.

이해를 돕기 위한 아래 그림을 봅시다. 예를 들어, 점수 변수의 현재 값이 4321이라고 합시다. 그리고 이제 점수를 '수'가 아닌 글이라고 생각해봅시다. "4321"이란 글이라면 4는 1번째 글자, 3은 2번째 글자, 2는 3번째 글자, 1은 4번째 글자가 됩니다. 자릿수가 늘어날 때마다 n번째 글자가 생기게 될 것입니다.

먼저 점수 4321을 표현하기 위해선 4자리 수이기 때문에 점수표현 스프라이트가 4개 복제되어야 합니다. 복제된 각 스프라이트들은 점수의 몇 번째 글자(숫자)를 표현할 것인지 '자릿수' 번호를 가져야 하고 각각의 자릿수의 숫자를 출력해야 합니다.

복제된 점수표현 스프라이트들은 순서대로 맨 왼쪽은 1번째 글자의 모양으로 바꾸면 되고, 그 다음은 2번째 글자, 이 순서대로 각 순번의 글자 모양으로 바꿔주기만 하면 됩니다.

직접 코딩을 해보며 본격적으로 알고리즘을 이해해보도록 합시다.

① 꼭 점수표현을 위해 만든 스프라이트를 클릭한 뒤 코딩을 합시다. 우선 보이기를 '보이지 않기'로 설정하도록 합니다.

② 다음으로 '자릿수'라는 이름의 변수를 만듭니다. 타입을 '이 스프라이트에서만 사용'으로 설정하여 만들도록 합니다.

'자릿수' 변수를 이용해서 점수의 각 자릿수를 표현할 것입니다.

③ 먼저 시작 위치를 설정해줍니다. 게임의 상단 위치에서 점수를 표현하도록 위쪽을 시작 위치로 설정해줍니다.

④ 우선 '조건'은 비워두고 복제하는 알고리즘을 만들어줍니다. 어떤 조건을 만족한다면 '자릿수' 변수를 1 증가시키고 X좌표를 30만큼 이동한 뒤 복제를 하여 '자릿수'가 1인 점수표현 스프라이트를 만들게 됩니다.

'자릿수' 변수는 점수를 표현하는 기준값이 됩니다. 점수가 한 자릿수라면 '자릿수' 변수는 최댓값이 1이 되어야 하고, 두 자릿수라면 '자릿수' 변수의 최댓값은 2가 되어야 합니다. 이 조건을 만들어 봅시다.

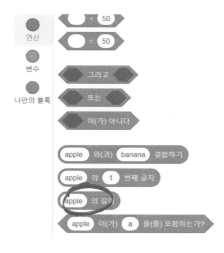

연산 블록 모음에서 아래쪽의 글자 관련 블록을 보면, 글자의 길이를 구할 수 있는 블록이 있습니다.

점수를 표현하기 위해 숫자를 글자로 봐야 한다고 하였습니다. '점수' 변수의 길이를 구하면 점수를 표현할 때 최대 몇 자릿수까지 표현해야 하는지를 알 수 있게 됩니다(점수를 10점으로 올린 후 실행한 결과는 2).

⑤ 다음처럼 조건을 완성해줍니다. 점수의 길이가 현재 '자릿수'보다 크다면 '자릿수'를 1만큼 증가시키고 X좌표를 30만큼 이동한 다음 점수를 표현할 스프라이트를 복제하도록 하는 것입니다.

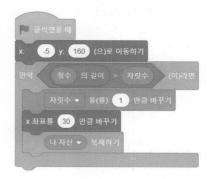

⑥ 초기값으로 '자릿수' 변수를 항상 0으로 초기화 하도록 하고, 복제하는 알고리즘을 무한 반복으로 점수가 커지면서 자릿수가 변할 때마다 점수표현 스프라이트를 복제하도록 코드를 완성해줍니다.

⑦ '복제되었을 때' 이벤트의 코드를 작성해봅시다. 먼저 초기값으로 모양을 보일 수 있도록 합니다. 원본 스프라이트의 보이기를 '보이지 않기'로 해두었기에 복제되었을 때 보이도록 해야 합니다(원본 스프라이트는 복제용으로만 쓰입니다).

모양 바꾸기 블록을 결합해줍니다. 여기서 자릿수 번째 모양을 바꾸도록 해주어야 합니다.

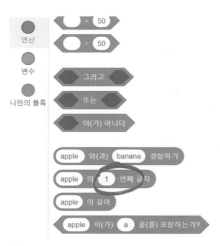

연산 블록 모음의 글자 관련 블록 중에는 글자의 특정 번째 글자값 하나를 구할 수 있는 블록이 있습니다.

앞부분엔 '점수' 변수를 뒷부분엔 '자릿수' 변수를 결합해줍니다.

⑧ 모양 바꾸기 블록에 결합해줍니다.

⑨ 점수가 변화할 때마다 값을 표현할 수 있도록 무한 반복 블록을 결합해 코드를 완성해줍니다.

이제 프로젝트를 실행하고 불가사리를 몇 번 클릭해봅시다. 아래처럼 점수가 잘 표현됨을 확인할 수 있습니다.

 현재 점수 값은 19입니다. 앞서 알고리즘을 설명했던 대로 점수표현에서는 글자로 보고 생각해야 합니다.

19를 글로 보면 1은 첫 번째 글자입니다. 1은 복제된 스프라이트이며 '자릿수' 값을 1로 가지고 있습니다.

 블록을 해석해보면, 19의 첫 번째 글자입니다. 따라서 '모양을 1(으)로 바꾸기'라는 말이 완성됩니다. 모양 바꾸기 블록은 모양 번호로도 모양을 바꿀 수 있습니다. 숫자 '1' 모양의 모양 번호는 1이므로 숫자 '1'로 바뀌게 되는 것입니다.

19를 글자로 보면 2는 두 번째 글자입니다. 9는 복제된 스프라이트이며 '자릿수' 값을 2로 가지고 있습니다.

마찬가지로 19의 두번째 글자 모양으로 바꾸기가 되며, 모양 번호 9번인 숫자 '9' 모양으로 바뀌게 됩니다.

```
깃발 클릭했을 때
점수 ▼ 을(를) 0 로 정하기
무한 반복하기
    무작위 위치 ▼ (으)로 이동하기
    0.5 초 기다리기
```

Starfish

```
이 스프라이트를 클릭했을 때
Boing ▼ 재생하기
점수 ▼ 을(를) 1 부터 10 사이의 난수 만큼 바꾸기
모양을 starfish-b ▼ (으)로 바꾸기
1 초 기다리기
모양을 starfish-a ▼ (으)로 바꾸기
```

```
깃발 클릭했을 때
x: -5 y: 160 (으)로 이동하기
자릿수 ▼ 을(를) 0 로 정하기
무한 반복하기
    만약 점수 의 길이 > 자릿수 (이)라면
        자릿수 ▼ 을(를) 1 만큼 바꾸기
        x 좌표를 30 만큼 바꾸기
        나 자신 ▼ 복제하기
```

점수표현

```
복제되었을 때
보이기
무한 반복하기
    모양을 점수 의 자릿수 번째 글자 (으)로 바꾸기
```

업그레이드하기 1

보다 게임답게 만들기

조금 더 게임답게 업그레이드를 해봅시다. 현재 불가사리는 랜덤하게 잘 움직이고 있지만, 너무 화면 끝에 붙어 나오는 경우가 있습니다. 이런 경우를 피해 온전히 화면 안에서 다닐 수 있도록 코드를 수정해봅시다. 그리고 일정 시간 이후 게임오버 화면이 나올 수 있도록 업그레이드를 해봅시다. 앞서 만들었던 쫓기는 다이버 예제를 참고하면 쉽게 해결할 수 있습니다.

완성본 참고: https://scratch.mit.edu/projects/354113237

점수표현 더 해보기

이번 프로젝트를 해보며 스크래치에서 게임처럼 점수를 표현하는 방법을 배워보았습니다. 보다 더 쉬운 방법이 존재하지만, 지역변수라는 개념의 '이 스프라이트에서만 사용'을 사용해보기 위해 만들어 보았습니다. 이 개념을 잘 이해해둔다면 자신만의 멋진 프로젝트를 만드는 데 큰 도움이 됩니다. 점수표현을 더 이해해보기 위해 앞서 개발했던 쫓기는 다이버에 점수를 표현하도록 업그레이드해봅시다.

순서도 배워보기

이제 순서도를 배워보겠습니다. 순서도는 알고리즘을 표현하는 방법 중 가장 많이 사용하는 방법입니다. 앞의 프로젝트들은 모두 글로써 순서를 설명했지만, 이제부터는 순서도를 사용해 알고리즘을 표현하도록 하겠습니다.

순서도란?

순서도(Flowchart)란 알고리즘을 간단한 도형과 화살표를 사용해 그림으로 나타낸 것을 말합니다. 주로 프로그래밍, 즉 코딩에서 알고리즘을 표현할 때 많이 사용합니다.

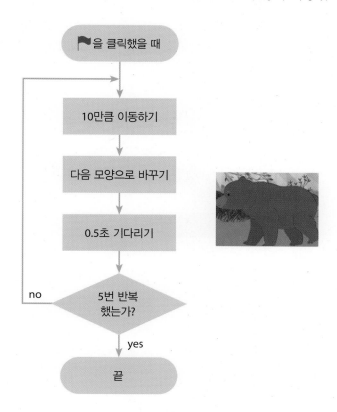

위의 순서도는 제일 처음 만들었던 숲속의 곰 프로젝트에서 곰이 잼까지 걸어가던 알고리즘을 표현한 것입니다. 이렇게 알고리즘을 도형과 화살표를 이용해 나타내는 것을 다이어그램이라 하는데 순서도는 많은 다이어그램 중 가장 대표적으로 알려져 있습니다.

순서도는 그 표현법이 굉장히 간단하고 이해하기가 편하므로 현재는 코딩 외에도 다른 많은 분야에서도 많이 사용되고 있습니다.

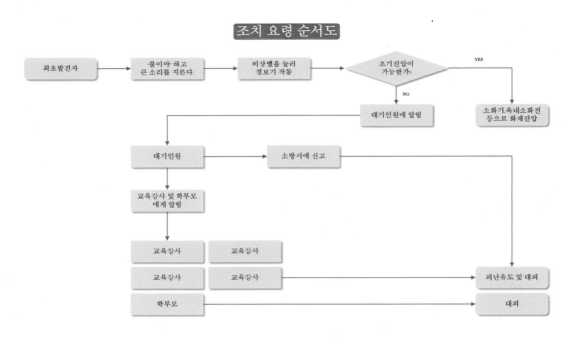

* 외래환자 등록 및 진료절차순서도

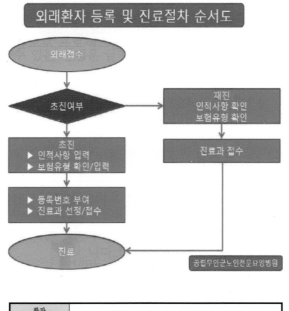

순서도 기호 알아보기

순서도는 국제 표준화 기구에서 표준안으로 결의된 기호들을 사용합니다. 설명하는 기호 외에도 많이 있으나, 지금은 가장 많이 사용하고 중요한 기호들을 알아보겠습니다.

기호	설명
단말	순서도의 시작과 끝을 나타냅니다.
처리	어떤 일을 처리하는 것을 표현합니다. 코딩에서는 연산, 데이터의 이동 등을 표한하는데 사용합니다.
판단	'참'과 '거짓'의 조건을 표현합니다. 분기를 나눠 선택 개념을 표현합니다.
가산접합	주로 알고리즘의 흐름을 한 곳으로 모아주는 역할을 합니다.
준비	무언가를 준비를 해야 할 때 사용합니다. 예를들어 변수의 초기값 등을 나타낼 수 있습니다.
데이터	데이터의 입력과 같은 입력을 받을 때 사용합니다.
반복 조건 반복	조건에 따라 반복되는 부분을 표현할 때 사용합니다.
흐름선	순서도의 도형들을 연결하고 알고리즘의 흐름을 표현합니다.

순서도 그리는 법과 기본 유형

순서도는 기호들을 이용해 알고리즘을 표현하고 흐름선을 연결하여 그려나가면 됩니다. 순서도는 국제 표준화 기구에서 정의한 사용 규칙에 따라 표현하는 게 좋습니다. 규칙은 다음과 같습니다.

❶ 기호의 내부에는 처리해야 할 내용이 들어가야 한다.

❷ 순서는 위에서 아래로, 왼쪽에서 오른쪽을 원칙으로 하며 그 외의 경우는 화살표를 사용해야 한다.

❸ 흐름선은 서로 교차해도 무관하며 서로 영향을 주지 않는다.

❹ 흐름선 여러 개가 모여 하나로 합칠 수 있다.

❺ 기호의 모형은 가로, 세로의 비율은 정하지 않으나 잘 구분할 수 있어야 한다.

순서도의 유형은 크게 직선형, 분기형, 반복형으로 나뉘며 세 가지 형태들을 사용해 알고리즘을 표현할 수 있습니다.

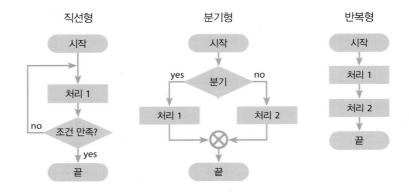

직선형

기본적으로 순서도는 위에서 아래로 진행하는 직선형 흐름으로 나타냅니다.

분기형

판단으로 분기를 만들어냅니다. '참'인 방향과 '거짓'인 방향 두 가지 조건을 만들 수 있습니다.

반복형

판단으로 조건을 확인한 후 진행 방향을 다시 위쪽으로 올려보내 반복하게 하여 반복 알고리즘을 순서도에 나타낼 수 있습니다.

순서도를 그릴 수 있는 소프트웨어들

한컴 오피스, 파워포인트 등 문서 도구에서 순서도 도형을 제공하고 있습니다. 아래처럼 한컴 오피스에선 그리기마당에서 순서도 모음을 찾을 수 있고, 마이크로소프트 파워포인트에서는 도형추가에서 순서도 도형들을 찾을 수 있습니다.

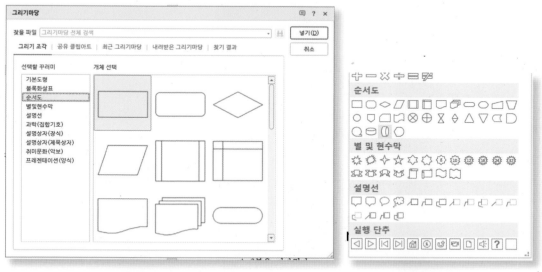

한글 그리기마당   파워포인트 도형

그리고 https://www.draw.io/ 라는 사이트에서도 순서도를 그릴 수 있습니다. 자신이 사용하기 편한 소프트웨어를 사용해서 순서도를 그려보도록 합니다.

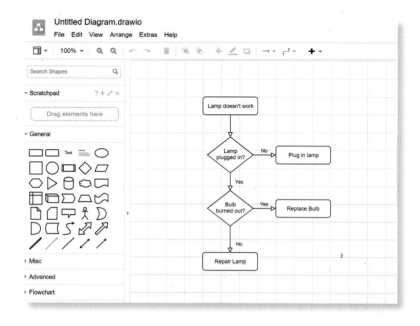

순서도 연습하기(라면 끓이기)

요리법은 인류가 가장 많이 보는 알고리즘 중 하나입니다. 그중 우리가 제일 쉽게 해먹을 수 있는 라면 끓이는 법을 순서도로 표현해보겠습니다. 파워포인트, 한글, drawio 등 자신이 사용하기 좋은 도구를 사용하도록 합시다.

라면 끓이는 방법

❶ 냄비에 물 550ml를 넣는다.

❷ 물이 끓을 때까지 끓인다.

❸ 물이 끓으면 면과 스프를 넣는다.

❹ 3분을 기다린다.

❺ 불을 끈다.

❶ 먼저 단말 기호로 시작을 나타내야 합니다. '시작'이라고 표현해도 되고 더욱 명확히 '라면 끓이기 시작'이라고 표현해도 됩니다. 순서도는 그림으로 나타내어 알고리즘을 간단히 빠르게 이해를 하는 방법이기 때문에 도형에 적는 글은 간결하게 표현해야 합니다.

라면 끓이기 시작

❷ 이제 라면을 끓이기 위한 준비를 해야 합니다. 라면과 물, 냄비를 준비합니다. 육각형 모양의 준비 기호를 사용해 나타냅니다. 마찬가지로 글은 간결하게 표현합니다.

❸ 냄비에 물을 넣어야 합니다. 처리 기호를 사용해 나타냅니다. 마찬가지로 간결하게 표현합니다.

❹ 다음 순서는 물을 끓여야 합니다. 마찬가지로 처리 기호로 나타냅니다.

❺ '물이 끓는' 조건을 확인합니다. 따라서 판단 기호로 나타냅니다. 판단 기호를 사용할 땐 글을 의문형으로 만들어주는 게 좋습니다.

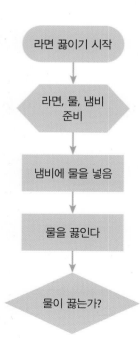

❻ 물이 끓는다면 면과 스프를 넣어야 합니다. 면과 스프를 넣는 것을 처리 기호로 표현합니다. 이는 조건이 맞는 경우이므로 판단 기호에서 나오는 화살표 바로 옆에 긍정을 표현해야 합니다. 'YES'라 해도 좋고 '예'라고 해도 좋습니다.

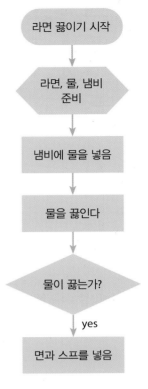

❼ 물이 아직 안 끓었을 때는 계속 물을 끓여야 합니다. 여기서는 반복형으로 나타낼 수 있습니다. 오른쪽 그림처럼 물을 끓이는 처리 기호로 들어가는 화살표 옆으로 방향을 표현해서 물이 끓을 때까지 반복하도록 표현할 수 있습니다.

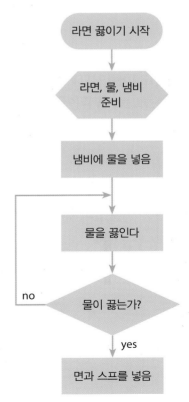

❽ 면과 스프를 넣은 후 3분 동안 끓이는 순서를 표현합니다. 3분이 지났는지를 판단 기호로 확인한 뒤 조건이 '참'인 경우에는 불을 끄고 '거짓'인 경우에는 라면을 계속 끓이면서 3분이 지났는지를 계속 확인 하도록 합니다.

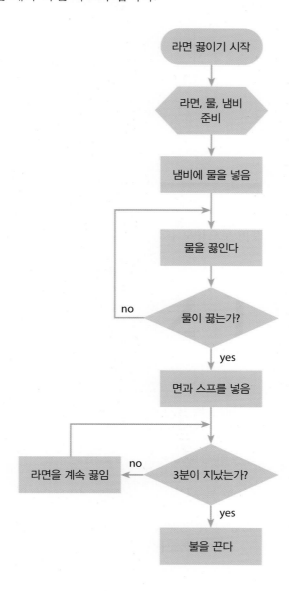

❾ 끝으로 단말 기호를 사용해 순서도의 마지막임을 표현하며 순서도를 마무리합니다.

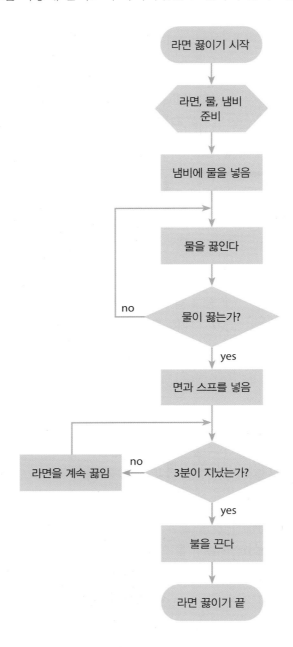

순서도 더 알아보기

책에서 만든 프로젝트들을 예로 순서도를 표현해보겠습니다.

 사각형 하나로 꽃모양 만들기 - 1키를 눌렀을 때
사각형 하나로 도장 찍기 연습을 했던 프로젝트를 순서도로 표현해봅시다.

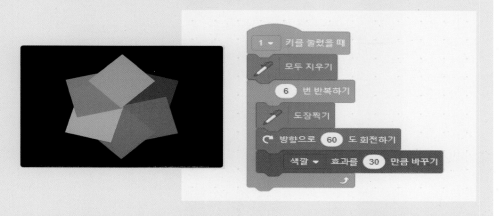

위의 알고리즘 스크립트는 아래와 같이 표현 가능합니다. 반복을 표현하는 기호로 반복해야 하는 부분을 감싸주어 반복 알고리즘을 표현할 수 있습니다(한컴 오피스와 파워포인트엔 반복 기호가 없습니다. 한컴 오피스와 파워포인트를 사용할 땐 사각형 도형을 조합해 만들어 사용하도록 합니다.

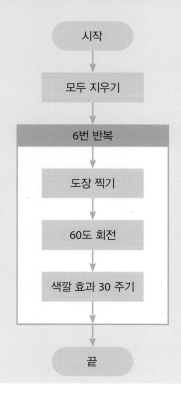

숲속의 곰과 마녀2 – 마녀 알고리즘

마우스를 계속(무한 반복) 따라다니던 마녀 알고리즘을 순서도로 표현해봅시다.

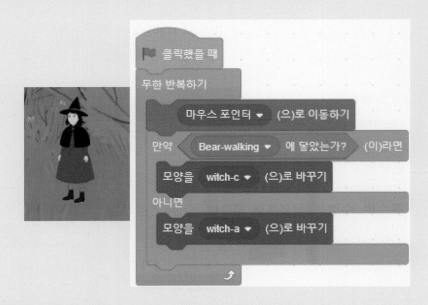

마찬가지로 반복하기 기호를 사용해 무한 반복을 표현할 수 있습니다.

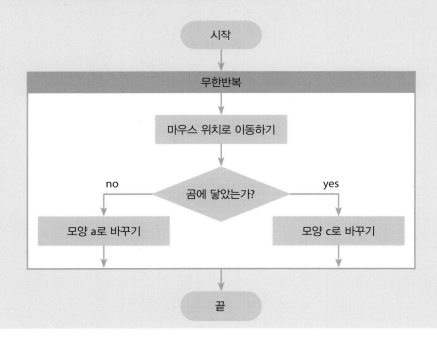

순서도 연습하기

순서도 연습을 해봅시다. 손으로 그려보거나 순서도를 그릴 수 있는 프로그램으로 그려보도록 합시다.

사각형 하나로 꽃모양 만들기 - 2키를 눌렀을 때
사각형 12장을 도장 찍기를 하는 알고리즘을 직접 순서도로 그려보도록 합니다.

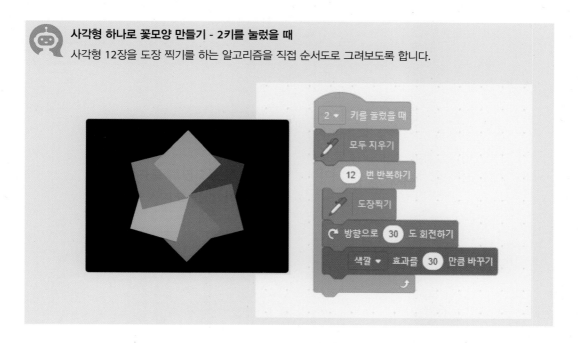

순서도 그리기

스트레칭 횟수 세기 순서도 표현

Casey 알고리즘 순서도로 표현해보기

마우스를 클릭할 때마다 스트레칭을 하는 알고리즘을 순서도로 표현해봅시다.

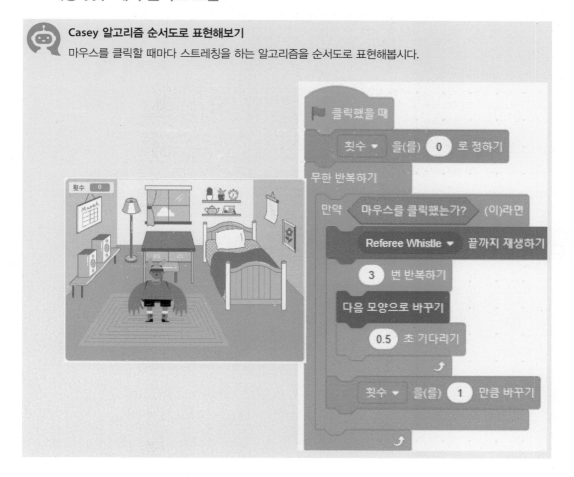

순서도 그리기

탱탱볼 움직이기 순서도 표현

Ball 알고리즘 순서도로 표현해보기

무작위로 벽을 튕겨 다니던 탱탱볼의 알고리즘을 순서도로 그려봅시다.

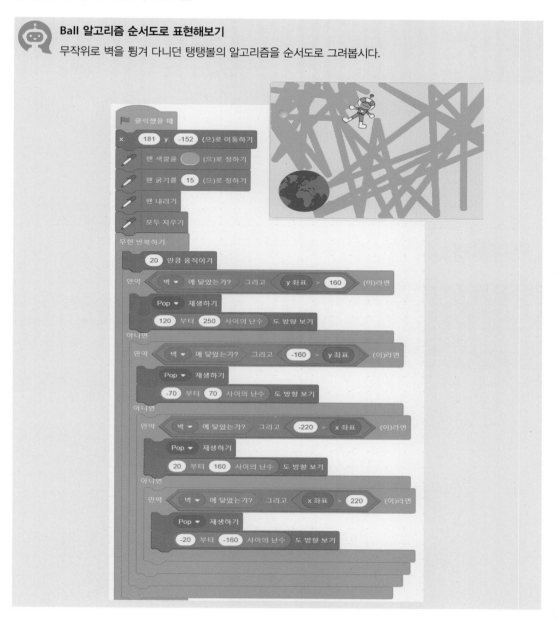

순서도 그리기

14

http://bit.ly/37LJfjn

응용예제4

점심 뭐 먹지?

개요

먹고 싶은 점심 메뉴를 6가지 입력합니다. 그리고 마법사를 클릭하면 랜덤하게 메뉴를 추첨해줍니다. 이번 프로젝트로 정보를 여러 개 저장할 수 있는 리스트에 대해 배워봅니다.

알고리즘

마법사의 알고리즘

이제부터 알고리즘을 순서도로 표현합니다.

시작
↓
"먹고 싶은 음식을 6개만 얘기 해보렴"이라고 말하기
↓
6번 반복
"뭐가 먹고 싶지?"라고 묻기
↓
대답을 리스트에 추가
↓
"나를 클릭하면 음식을 골라주마...ㅎㅎ"라고 말하기
↓
끝

시작
↓
"음.."이라고 말하기
↓
"너가 점심으로 먹어야 할건..."이라고 말하기
↓
랜덤하게 음식을 추첨해 말해주기
↓
끝

리스트

리스트도 변수와 마찬가지로 정보를 저장합니다. 차이점은 정보를 단 하나만 저장할 수 있는 변수와는 달리 리스트는 정보를 여러 개 저장할 수 있습니다.

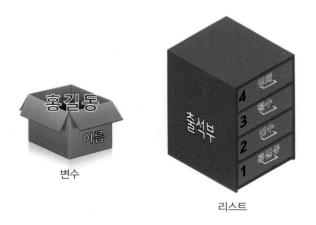

변수   리스트

그림과 같이 '이름'이란 변수는 '홍길동'이란 정보 하나만 저장합니다. 반면에 리스트인 '출석부'는 '홍길동', '민수', '철수', '영희' 4개의 정보를 저장하고 있습니다. 각 정보는 리스트에 들어가는 순서대로 번호가 붙게 됩니다.

 : '항목'을 리스트에 추가합니다.

`출석부 ▼ 리스트의 1 번째 항목` : 리스트에서 'n번째'항목의 값을 가져옵니다.

`출석부 ▼ 의 길이` : 리스트의 길이를 알 수 있습니다.

위 3개의 블록이 리스트 블록들 중 제일 많이 사용하는 블록들입니다.

`항목 을(를) 출석부 ▼ 에 추가하기` '항목' 자리에 값을 넣어 리스트에 추가할 수 있습니다. 그림과 같이 실행 화면에서 변수처럼 리스트 정보를 볼 수 있으며, 리스트에는 번호순으로 순서대로 들어가게 됩니다. 항목추가는 항상 리스트의 맨 마지막 다음에 추가됩니다.

 블록으로 리스트의 특정 항목 값을 불러올 수 있습니다. 리스트에는 번호 순서대로 정보가 들어있으므로, 몇 번째 항목인지를 호출하여 그 값을 가져올 수 있습니다.

 블록으로는 현재 리스트에 항목이 몇 개 들어있는지 알 수 있습니다.

코딩

점심 뭐 먹지 프로젝트를 코딩해보며 리스트 사용법을 배워봅시다.

스프라이트와 배경 추가

Wizard 스프라이트와 Witch House 배경을 추가합니다.

마법사 스크립트 작성

마법사의 알고리즘

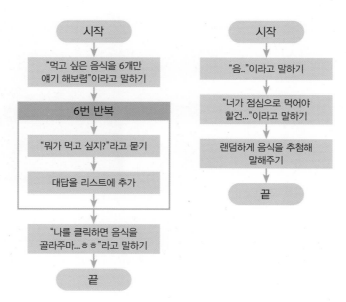

① 순서도를 보면서 코딩해봅시다. 말하기
와 반복, 묻고 기다리기까지 먼저 코딩합
니다. 묻고 기다리기를 통해 입력받는 정보
를 리스트에 추가해야 합니다.

② 리스트를 만들어 봅시다. 변수 블록 모음의 '리스트
만들기' 버튼을 클릭합니다.

③ '음식리스트' 리스트를 만들어줍니다.

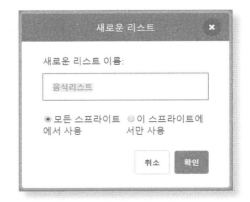

④ 마법사 스프라이트와 음식리스트를 다음과
같은 위치로 배치해줍니다. 마법사의 크기
는 75로 설정합니다.

리스트 보기의 크기는 우측 하단의 크기 조절을 드래그해 조절할
수 있습니다.

⑤ 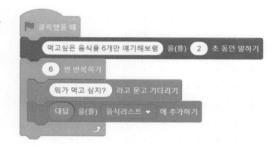 항목 을(를) 음식리스트 ▾ 에 추가하기 블록을 결합해주고 항목 자리에 대답 을 결합해 줍니다.

정보를 입력받을 때마다 항목이 '음식리스트'에 추가됩니다.

⑥ 반복하기 다음으로 말하기 블록을 결합해 '음식리스트' 추가 알고리즘을 완성합니다.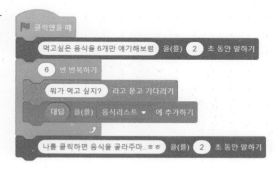

⑦ 이제 스프라이트를 클릭했을 때의 알고리즘을 코딩해봅시다. 먼저 음식을 추첨해주기 전 말하기부터 코딩해줍니다.

다음으로 점심 뭐 먹지의 핵심인 랜덤으로 음식을 골라주는 코딩을 해봅시다. 리스트의 항목 값은 음식리스트 ▾ 리스트의 1 번째 항목 블록을 사용해서 '특정 번째'의 항목을 가져올 수 있습니다.

⑧ 랜덤 항목은 이 '특정 번째'를 랜덤한 값으로 정해주기만 하면 됩니다. 리스트의 특정 번째 항목을 가져오는 음식리스트 ▾ 리스트의 1 번째 항목 블록을 적당히 빈 곳으로 먼저 가져온 뒤 1 부터 10 사이의 난수 블록을 번째 자리에 결합해 다음처럼 만들어줍니다.

음식리스트 ▾ 리스트의 1 부터 10 사이의 난수 번째 항목

이 프로젝트는 6개의 항목을 입력받아 리스트에 추가합니다. 따라서 10을 6으로 고쳐 '1부터 6 사이의 난수'로 만들고 말하기 블록과 결합한 뒤 apple 와(과) banana 결합하기 블록과 결합해 아래와 같이 코드를 완성합니다.

시작하고 6개의 음식을 입력한 뒤 마법사를 클릭해보면 다음과 같이 랜덤으로 리스트 중 하나를 말하는 것을 볼 수 있을 것입니다.

9 다시 시작했을 때 이전에 추가했던 리스트가 초기화될 수 있도록 맨 앞에 초기값으로 다음과 같이 코딩해주고 마법사 스크립트를 완성합니다.

업그레이드하기 1

음식을 제한 없이 추가해보기

http://bit.ly/2N6q8se

이번 업그레이드는 바뀌는 부분을 같이 진행해보겠습니다. 먼저 QR코드 또는 링크 주소로 접속해 우리가 업그레이드할 내용을 확인합시다. 동영상을 보면 음식을 추가해나가다가 "끝"이라고 입력을 하면 음식 추가를 그만두게 되는 걸 볼 수 있습니다.

순서도로 표현해보면 다음과 같습니다. "끝"이라고 입력할 때까지 반복하며 계속 음식 이름을 입력받도록하는 것입니다.

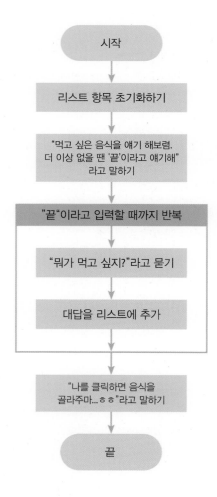

다음과 같이 횟수 반복을 무한 반복하기로 바꿔줍니다. 그리고 대사를 수정합니다. 무한 반복하기로 교체하면서 맨 마지막 말하기는 잠시 떼어놓도록 합니다.

이제 순서도 알고리즘대로 입력받은 글이 "끝"인지를 확인하여 반복을 멈춰 주면 됩니다. 입력받고 바로 확인을 하도록 합니다. 그리고 대답이 "끝"이라면 떼놓았던 대사를 하도록 하고 이 스크립트를 멈춰 반복을 중단합니다.

이제 스프라이트를 클릭했을 때의 알고리즘을 수정해봅시다. 현재는 1번째 항목부터 6번째 항복 사이의 랜덤한 음식을 추첨하도록 코딩 되어있습니다. 우리는 "끝"이라고 입력하면 항목추가가 멈추므로 음식이 몇 개가 될지 모르는 상황이 되었습니다. 따라서 '6'자리의 값이 리스트의 현재 길이값이 될 수 있도록 수정해주면 됩니다.

$\boxed{\text{음식리스트} \blacktriangledown \mid \text{의 길이}}$ 블록으로 해결할 수 있습니다. 이 블록은 항상 현재 리스트의 길이 값을 알려줍니다. 따라서 길이가 변하는 상황에서는 이 블록으로 리스트의 길이를 알 수 있습니다.

다음과 같이 결합하여 코드를 수정해 업그레이드를 마무리합니다.

업그레이드하기 2

"발표자 추첨 프로그램" 만들기

http://bit.ly/2N6q8se

점심 뭐 먹지? 프로젝트를 만들어 보면서 리스트를 배웠습니다. 리스트 개념을 복습해봅시다. 새로 만들기로 발표자를 추첨해주는 프로그램을 직접 만들어 보세요. 위의 QR코드 또는 링크 주소로 접속해 예시를 확인해봅시다. 발표자를 누구로 해야 할지 곤란할 때 발표자 추첨 프로그램을 사용해보도록 합시다!

15

응용예제5
병아리 엄마 따라가기

http://bit.ly/2R93Asq

개요

방향키로 엄마 닭을 움직이면 지나다닌 길이 표시됩니다. 스페이스바를 누르면 병아리가 엄마 닭이 지났던 길을 똑같이 이동합니다.

알고리즘

엄마 닭의 알고리즘

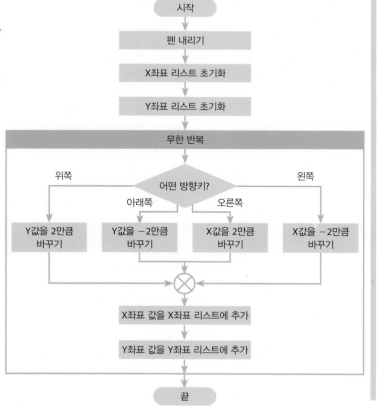

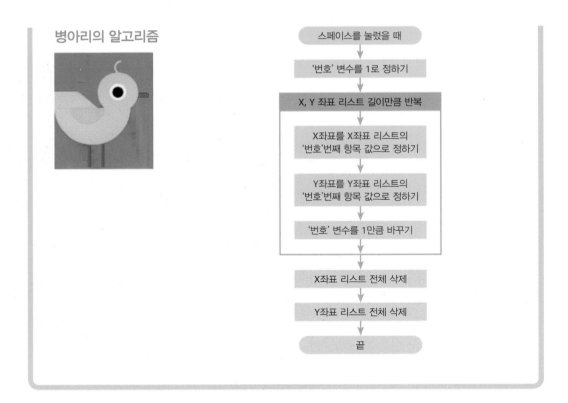

병아리의 알고리즘

스페이스를 눌렀을 때

'번호' 변수를 1로 정하기

X, Y 좌표 리스트 길이만큼 반복

X좌표를 X좌표 리스트의
'번호'번째 항목 값으로 정하기

Y좌표를 Y좌표 리스트의
'번호'번째 항목 값으로 정하기

'번호' 변수를 1만큼 바꾸기

X좌표 리스트 전체 삭제

Y좌표 리스트 전체 삭제

끝

코딩

리스트를 사용해서 병아리 엄마 따라가기 프로젝트를 코딩해봅시다.

STEP 01 → 스프라이트와 배경 추가

Hen, Chick 스프라이트와 Forest 배경을 추가합니다.

Hen

Chick

Forest

코딩하기 전 먼저 모양 수정을 해줍니다. 엄마 닭 모양 항목 중 3, 4번 모양을 삭제해줍니다.

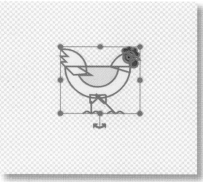

1번 모양인 hen-a를 선택하고 모양 전체를 선택해줍니다.

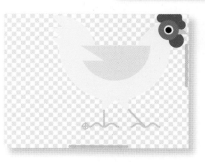

모양을 움직여 발끝 부분을 중심점에 맞춰줍니다. 엄마 닭이 걸어가면서 발끝으로 길을 만들기 위해서입니다.

2번 모양인 hen-b도 발끝 부분을 중심점에 맞춰주도록 합시다.

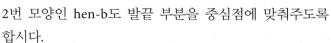

속성값을 다음과 같이 설정해줍니다.

엄마 닭의 알고리즘

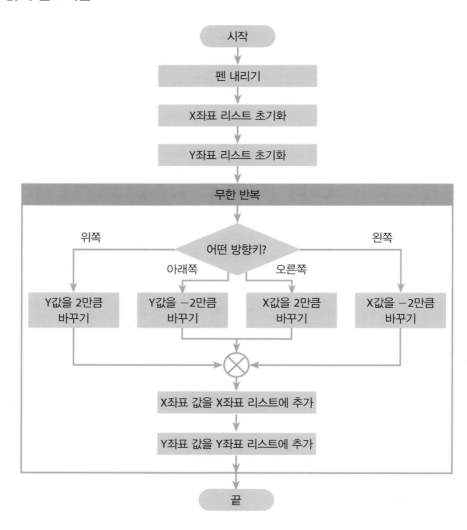

① 먼저 시작 위치를 초기값으로 세팅해주고, 펜 확장 기능을 추가한 뒤에 펜 내리기를 해줍니다.

그리고 방향키로 움직이는 기본 알고리즘을 작성하도록 합니다.

이 알고리즘대로 닭을 이리저리 움직이면 펜 내리기로 인해 길을 그리게 됩니다.

닭이 그린 길은 지났던 위치를 뜻합니다. 각 지점은 아래 그림과 같이 위치 정보를 가지고 있고, 이 X, Y 위치 정보를 모두 '리스트'에 저장하고 병아리는 저장한 순서대로 이동하게 만들어줍니다.

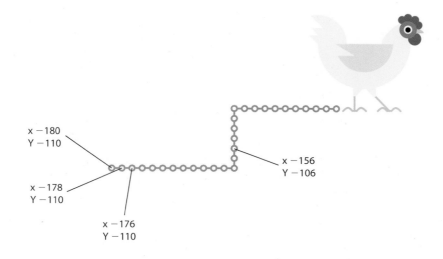

x −180
Y −110

x −178
Y −110

x −176
Y −110

x −156
Y −106

X, Y좌표 위치를 저장할 'X좌표' 리스트와 'Y좌표' 리스트를 만들어줍니다. 체크는 해제하여 실행 화면에서 리스트가 출력되지 않도록 해줍니다.

② 어떤 방향키를 누르던 X, Y좌표 위치 정보를 저장하도록 다음과 같이 코딩해줍니다.

③ 초기값으로 펜 굵기와 색깔을 설정해주도록 합니다. 적
당한 값을 설정합니다.

④ 다시 시작했을 때 지나다닌 길을 지우도록 그림과 같이
코딩해줍니다. 리스트도 초기화하도록 해줍니다.

엄마 닭 코드를 완성하였습니다.

STEP 03 → **병아리 스크립트 작성**

병아리의 알고리즘

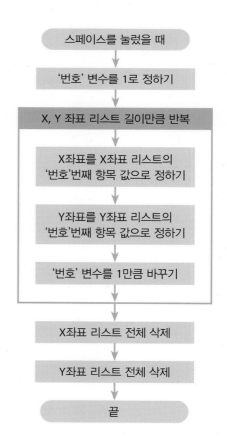

병아리도 모양 수정부터 해줍니다. 맨 마지막 3번 모양을 삭제해주도록 합니다.

모양 chick-a와 chick-b의 발끝을 중심점 위쪽으로 맞춰주도록 합니다.

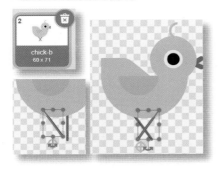

chick-b 모양의 발을 회전시켜 다음처럼 교차 되도록 만들어줍니다. 걷는 모습을 구현하기 위해서입니다.

병아리의 속성값을 다음과 같이 설정해 줍니다.

시작할 때마다 초기 위치로 갈 수 있도록 다음과 같이 코딩합니다.

이제 스페이스키를 눌렀을 때 엄마 닭이 저장한 리스트를 처음부터 끝까지 하나씩 불러와 위치 값으로 계속 설정해주기만 하면 됩니다.

리스트를 첫 번째부터 순서대로 말하기 위해선 변수가 필요합니다. '번호'라는 변수를 만들어줍니다. 체크를 해제하여 실행 화면에서 보이지 않게 합니다.

❶ 스페이스키를 눌렀을 때 먼저 번호를 1로 정하여 항상 리스트의 첫 번째 항목부터 가져올 수 있도록 해줍니다. 그리고 그림과 같은 반복을 만들어줍니다. 'X좌표' 리스트와 'Y좌표' 리스트는 길이가 같습니다. 그 길이보다 번호 값이 커지면 모든 리스트 항목을 다 사용하였단 말이 되므로 다음과 같은 조건이 만들어져야 합니다.

❷ 먼저 `모양을 모양2 ▼ (으)로 바꾸기`으로 모양을 바꾸고 `x: 0 y: 0 (으)로 이동하기` 블록을 가져와 결합합니다. 값 자리에 각 좌표 정보를 순서대로 가지고 올 수 있도록 다음 그림처럼 코딩해줍니다.

③ 이동 후 번호 값을 1 증가시켜 다음 반복 때 좌표 리스트들의 다음 순서 값을 불러 오도록 해줍니다.

④ 모든 리스트 항목대로 이동을 끝내고 나면 전체 리스트를 삭제시켜줍니다. 프로그램을 정지하지 않고 다시 닭을 움직였을 때 위치를 저장하도록 하기 위해서입니다.

이렇게 하여 병아리 코드도 완성하였습니다. 실행 후 엄마 닭을 방향키로 움직인 다음 스페이스키를 누르면 병아리가 길을 따라 엄마 닭에게로 가는 것을 확인할 수 있습니다.

업그레이드하기

엄마 닭 마우스 따라다니도록 만들기

이번 프로젝트는 리스트를 응용하면 이와 같은 예제를 만들 수 있음을 알려주었습니다. 좌표는 X, Y값이 하나의 세트로 되어있고 리스트는 정보가 순서대로 저장되고 각 항목은 번호가 붙으므로 같은 정보를 번호를 똑같이 하여 사용할 수 있는 것입니다. 많은 정보를 다룰 때 리스트는 아주 유용하게 쓰입니다.

방향키로 움직였던 엄마 닭을 마우스를 클릭했을 때 마우스를 따라 다닐 수 있도록 업그레이드해봅시다. 다음 그림의 순서도를 참고하세요.

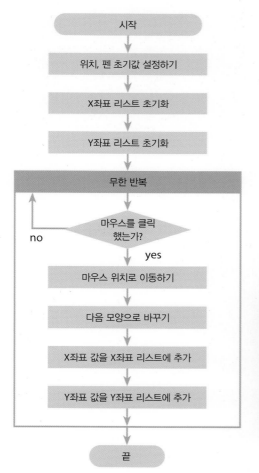

🔼 완성본 참고: https://scratch.mit.edu/projects/358565657

16

응용예제6
도형과 패턴 그리기

코딩세계 초보여행자를 위한 안내서

http://bit.ly/35lZr3i

개요

숫자 키를 눌렀을 때 별이 우주에 다 각형을 그립니다. 1은 삼각형, 2는 사각형, 3은 오각형을 그리고 4는 원을 그립니다. a키를 눌렀을 때는 '나만의 블록'을 이용해서 각 변수와 크기에 따른 다각형으로 패턴을 그립니다.

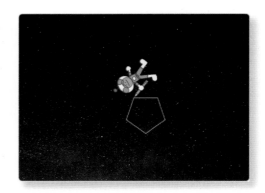

알고리즘

우주인의 알고리즘

1키를 눌렀을 때	2키를 눌렀을 때	3키를 눌렀을 때	4키를 눌렀을 때
모두 지우기	모두 지우기	모두 지우기	모두 지우기
X:0, Y:0으로 이동하기	X:0, Y:0으로 이동하기	X:0, Y:0으로 이동하기	X:0, Y:0으로 이동하기
펜 내리기	펜 내리기	펜 내리기	펜 내리기
펜 색깔 정하기	펜 색깔 정하기	펜 색깔 정하기	펜 색깔 정하기
3번 반복	4번 반복	5번 반복	36번 반복
50만큼 움직이기	50만큼 움직이기	50만큼 움직이기	10만큼 움직이기
?도 회전하기	?도 회전하기	?도 회전하기	?도 회전하기
끝	끝	끝	끝

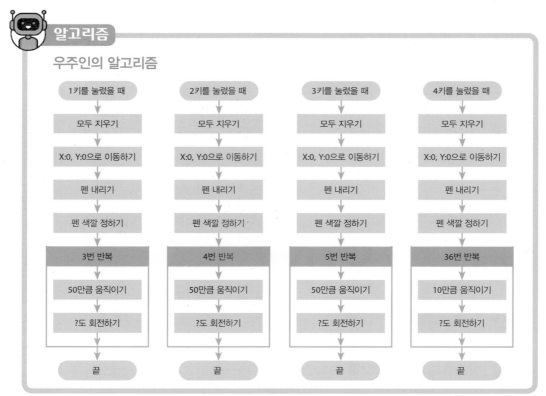

나만의 블록

블록 모음의 제일 마지막에 나만의 블록이 있습니다. 이 기능으로 우리만의 알고리즘을 하나의 블록으로 만들어 줄 수 있습니다. 코딩을 하다 보면 똑같은 알고리즘을 자주 사용 하게 되는 경우가 많습니다. 그런 경우 '나만의 블록'으로 만들어 사용할 수 있습니다.

책의 초반부에서 벽에 닿으면 튕기기 블록은 아래 코드와 같은데 자주 쓰기 때문에 한 개의 블록으로 만들어 둔 것이라고 설명하였습니다.

이처럼 '나만의 블록' 기능으로 자주 쓰는 코드를 우리만의 하나의 블록으로 만들어 계속 사용할 수 있습니다.

새로 만들기를 한 뒤 고양이를 가지고 나만의 블록을 연습해보도록 합시다. 스크래치에서 스프라이트를 모양을 바꿔 움직이는 것은 가장 많이 하는 알고리즘 중 하나일 것입니다. 아래와 같이 방향키를 눌렀을 때 움직여 다닐 수 있도록 코딩합니다.

이 코드를 보면 공통으로 똑같이 동작 되는 부분이 있는걸 알 수 있습니다. 어떤 키를 누르던 다음 모양으로 바꾸기 와 10 만큼 움직이기 블록을 실행해서 움직이고 있습니다. '나만의 블록'으로 이 알고리즘을 하나로 만들어 봅시다.

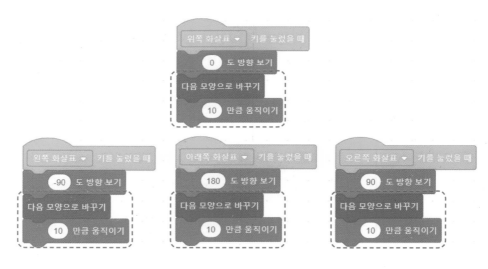

'나만의 블록'에서 블록 만들기 버튼을 클릭해줍니다.

아래와 같은 화면이 출력됩니다. 세부 기능들은 '도형과 패턴 그리기' 프로젝트를 코딩할 때 배워보도록 하고 기본적인 사항을 먼저 배워봅시다.

블록 이름을 "움직이기"라고 적어주고 확인을 눌러줍니다.

아래와 같이 나만의 블록 모음에 움직이기 블록이 추가되고 작업 영역 왼쪽 위에 정의하기가

만들어집니다. 이 정의하기 부분에 움직이기 의 알고리즘을 작성해야 합니다.

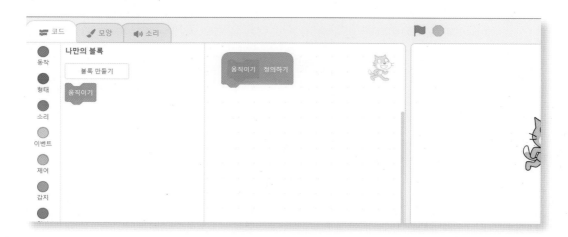

 움직이기 정의하기에 다음 블록을 연결하여 움직이는 알고리즘을 작성해줍니다.

코드를 아래와 같이 수정해줍니다. 그리고 실행시켜 방향키로 움직여보면 똑같이 잘 움직이는 것을 확인할 수 있습니다.

'나만의 블록'을 사용할 때 얻을 수 있는 이점은 다음과 같습니다.

① **알고리즘이 하는 일을 하나로 표현하여 코드가 명확해진다.**

이 알고리즘은 어떤 일을 수행하는지 한눈에 알아볼 수 있게 됩니다. 정의한 '나만의 블록' 이름을 명확하게 적어주어 어떤 알고리즘이 동작되는지 나타낼 수 있습니다.

② **코드의 수정이 쉬워진다.**

위 코드의 경우 움직이는 거리를 수정하고 싶을 때 나만의 블록을 사용하지 않았더라면 모든 방향키 코드의 `10 만큼 움직이기` 값을 수정해야 합니다. 그러나 나만의 블록을 사용하면 정의하기 한군데만 수정해주면 됩니다. 추가되는 알고리즘, 수정해야 할 부분이 생겼을 때 정의하기 코드만 수정해주면 되기 때문에 여러모로 굉장히 유용합니다.

 예를 들어, 추가로 이동할 때마다 색을 바꾸게 하고 싶으면 정의하기에 색을 변경하는 코드를 추가해주면 쉽게 완성됩니다.

③ 나만의 블록을 잘 사용하면 전체적인 코드가 짧아진다.

코드가 길어질수록 나중에 고쳐야 할 부분이 생겼을 때 다시 보기가 어려워집니다. 전체적인 코드가 짧아지면서 이런 부분들이 한눈에 파악할 수 있게 됩니다.

이후 프로젝트들을 하면서 나만의 블록을 보다 심도 있게 사용해 볼 것입니다. 나만의 블록을 끝으로 핵심개념설명을 마무리합니다.

코딩

코딩

도형과 패턴 그리기 프로젝트를 코딩하면서 나만의 블록을 배워봅시다.

STEP 01 → **스프라이트와 배경 추가**

 Kiran 스프라이트와 Stars 배경을 추가합니다.

STEP 02 → **우주인 스크립트 작성**

 코딩하기 전 먼저 모양 수정을 해줍니다. 우주인 모양 리스트 중에서 연필을 손에 쥐고 있는 5번 모양으로 선택해줍니다. 나머지 모양은 굳이 지우지 않아도 되며 5번 모양을 기본 모양으로 선택해두는 것입니다.

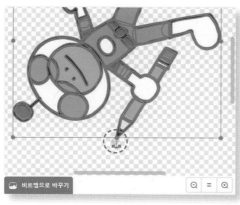 모양을 전체 선택한 후 드래그하여 연필 끝을 중심점에 맞춰줍니다. 회전을 시켜 연필 모양이 다음과 같이 될 수 있도록 해줍니다.

속성값을 다음과 같이 설정해줍니다.

우주인의 알고리즘

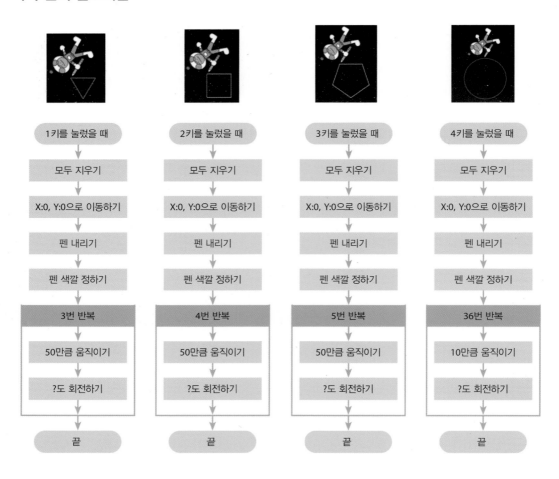

1은 삼각형, 2는 사각형, 3은 오각형, 4는 원을 그립니다. 반복은 선 하나를 그리는 것을 삼각형이기에 3번 그리고, 4각형은 4번, 오각형은 5번 그리는 것입니다. 순서도를 보면 각각 회전하는 각도가 '?'로 되어있습니다.

1키를 눌렀을 때 그리는 정삼각형의 각도를 생각해봅시다. 선 하나를 긋고 각도를 몇 도 회전해야 할까요? 삼각형은 한 각의 크기가 60°이므로 60°만큼 회전해야 할까요?

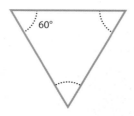

① 순서도의 순서대로 코딩해줍니다. 색깔은 원하는 색으로 지정해도 됩니다. 그리고 회전하기 각도를 60°으로 설정해줍니다.

1키를 눌러 삼각형 그리기 알고리즘을 실행해봅시다. 다음 그림과 같이 삼각형을 그리지 못하는 것을 볼 수 있습니다. 왜 그럴까요? 단계별로 생각해봅시다. **우주인을 기준으로 보지 말고 '연필'을 기준으로 보세요.**

먼저 50만큼 이동해 선을 긋게 됩니다.

다음으로 60°만큼 회전을 하여 150°방향을 보게 됩니다. 정삼각형을 그릴 수 있을 만큼 회전되지 않습니다. 스프라이트가 안쪽이 아닌 바깥쪽으로 회전을 하고 있기 때문입니다.

그래서 또 50만큼 이동하면 그림처럼 선을 긋게 되는 것입니다.

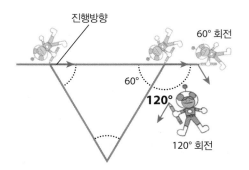

진행방향
60° 회전
60°
120°
120° 회전

더 안쪽으로 그리려면 삼각형의 내각만큼 회전하는 게 아니라, 바깥쪽 각도인 외각만큼 회전해야 하는 것입니다.

② 회전하는 각도를 120°으로 수정하고 1키를 눌러 실행해 봅시다.

그림처럼 삼각형을 잘 그리는 것을 볼 수 있습니다.

이제 나머지 사각형과 오각형도 그려봅시다.

③ 사각형은 외각의 크기인 90°만큼, 오각형은 외각의 크기인 72°만큼 회전하도록 합니다.

④ 원도 그려봅시다. 원은 360° 한 바퀴를 돌면 되므로 36번 반복하며 10°만큼 회전하도록 하면 됩니다.

숫자 키를 눌렀을 때 도형 하나를 그리는 코드를 완성하였습니다. 이제 도형 하나를 가지고 패턴을 그리는 코딩을 해봅시다.

STEP 01 → **삼각형 패턴 그리기**

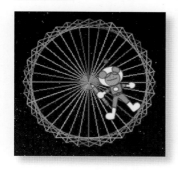

삼각형 하나로 그림과 같은 패턴을 그리도록 만들어 봅시다. 앞에서 코딩했던 삼각형 알고리즘을 한 바퀴를 돌며 36개를 그린 것입니다.

'나만의 블록'을 사용해서 삼각형 알고리즘을 쉽게 사용할 수 있도록 해봅시다. '나만의 블록'의 블록 만들기 버튼을 클릭합니다.

이름을 삼각형으로 하고 확인을 눌러줍니다.

① 삼각형을 그렸던 알고리즘을 정의하기에 만들어주면 됩니다.
선 길이를 좀 더 길게 그리도록 100만큼 움직이기 코드를 작
성해줍니다.

② 스페이스 키를 눌렀을 때 패턴을 그리도록 합시다. 나만의 블
록 '삼각형'을 36번 그리도록 합니다.

③ 삼각형을 그릴 때마다 색을 무작위로
정하도록 다음과 같이 코딩합니다.

④ 한 바퀴를 돌며 그릴 수 있도록 10°만큼 회전하기를 해줍니다. 그리고 스페이스키를 눌러 한번 실행해봅시다.

삼각형 패턴이 예쁘게 그려지는 것을 볼 수 있습니다.

⑤ 사각형, 오각형 함수도 만들어 봅시다. 삼각형을 만들었던 것처럼 똑같은 방법으로 만들어줍니다.

6 패턴을 그리는 코드에서 삼각형 대신 사각형, 오각형을 넣고 실행해보면 똑같이 잘 그려지는 걸 확인할 수 있습니다.

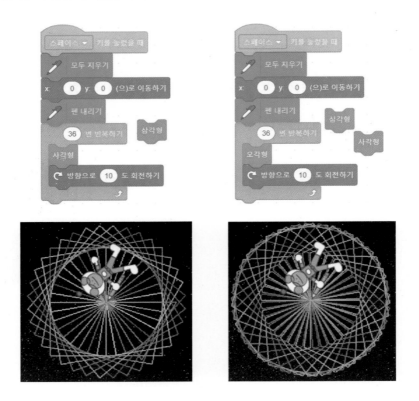

도형과 패턴 그리기를 완성하였습니다.

업그레이드하기 1

'나만의 블록'으로 다각형을 그리는 블록 만들기

이번 프로젝트를 통해 나만의 블록의 유용함과 그 사용법을 배워보았습니다. 이번 업그레이드는 '나만의 블록'을 좀 더 자세히 사용해보도록 같이 코딩해봅시다. 이제는 정해진 도형이 아니라, 값에 따라 다양한 다각형을 그릴 수 있도록 해보는 것이 목표입니다. 앞서 만들었던 삼각형, 사각형, 오각형 알고리즘을 보면 서로 구조가 똑같습니다.

알고리즘을 보면 도형을 그리는 데 규칙이 있습니다. '삼'각형은 3번 반복하고, '사'각형은 4번, '오'각형은 5번 반복합니다.

반복횟수는 다각형의 '각' 만큼입니다.

그리고 각각 회전하는 각도가 도형들의 외각 각도 만큼 회전을 합니다. 여기서 한 외각을 구하는 방법을 생각해봅시다.

삼각형은 한 외각이 120° 도형의 외각의 합은 360°입니다.

사각형은 한 외각이 90° 도형의 외각의 합은 360°입니다.

오각형은 한 외각이 72° 도형의 외각의 합은 360°입니다.

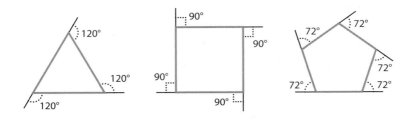

어떤 다각형이든 다각형의 외각의 합은 360°입니다.

360을 각의 수 만큼 나누면 한 외각이 구해집니다(삼각형의 한 외각: 360 ÷ 3 = 120)

따라서, 한 '외각'은 360÷'각'입니다.

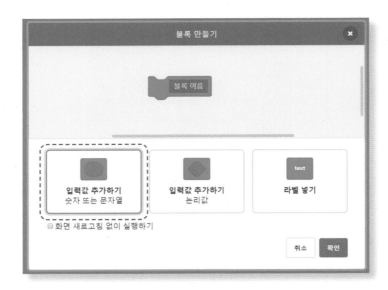

이 공식을 사용해 다각형을 그리는 나만의 블록을 만들어 봅시다. 블록 만들기를 하고 '입력값 추가하기'를 클릭합니다.

다음과 같이 값을 넣을 수 있는 동그란 모양의 입력이 추가됩니다.

블록 이름을 "크기:"로 해주고 입력값은 "크기"로 적어줍니다.

다음으로 '라벨 넣기'를 클릭해 추가해줍니다.

'입력값 추가하기'를 클릭해 두 번째 입력값을 추가해줍니다.

 라벨 자리는 "각:" 두 번째 입력값은 "각"으로 적어줍니다.

마지막으로 '라벨 넣기'를 한 번 더 클릭합니다.

"다각형 그리기"라고 적어주고 확인을 눌러줍니다.

정의하기가 작업 영역에 만들어지고 기존에 작성했던 삼각형 그리기 알고리즘과 똑같이 우선 작성해줍니다(삼각형 블록의 코드를 복사해 붙여 넣으면 쉽게 할 수 있습니다).

반복횟수는 다각형의 '각' 만큼입니다.

정의하기에 있는 각 을 드래그하여 반복 횟수 입력 자리에 넣어 결합해줍니다.

정의하기에 있는 크기 도 드래그하여 "만큼 움직이기" 입력 값 자리에 넣어 결합해줍니다.

한 '외각'은 360÷'각'입니다.

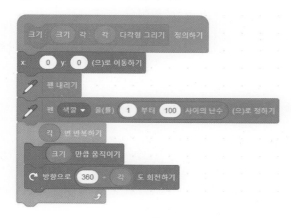

회전하기 입력에 한 외각을 구하는 공식을
만들어 넣어줍니다. 360을 각 으로 나눠
주도록 합니다. 이것으로 다각형을 그리는
'나만의 블록'을 완성하였습니다.

기존에 만들었던 스페이스키를 눌렀을 때 패턴을 그리는 스크
립트에서 원래 있던 각형을 그리는 나만의 블록을 지우고 다각
형 그리기 블록을 추가해줍니다.

'각' 변수와 '크기' 변수를 만들어줍니다.

이번엔 변수들을 슬라이더로 조절해 사용할 수 있도록 변경해봅시다.

'각' 변수 위에서 우클릭한 뒤, "슬라이더 사용하기"를 클릭해
줍니다. 아래 그림처럼 슬라이더 형태로 바뀌게 됩니다.

다시 '각' 변수에서 우클릭한 뒤, "change slider range" 를 클릭해줍니다. 이 부분은 번역이 이루어지지 않았습니다. 뜻은 "슬라이드 범위 변경"입니다.

슬라이드 범위를 변경할 수 있는 창이 출력됩니다. Minimum value는 최솟값이고, Maximum value는 최댓값입니다. 다음과 같이 수정해줍니다. 다각형은 삼각형이 제일 작은 도형이므로 최솟값이 3이 되어야 하고 최대는 적당히 100 정도로 설정해줍니다.

크기 변수도 슬라이더로 조절할 수 있도록 변경해줍니다. 범위는 최소 20부터 최대 100으로 설정해줍니다.

다각형 그리기 나만의 블록 입력값 자리에 각각 '크기'와 '각' 변수를 넣어 다각형 패턴 그리기 스크립트를 완성합니다.

'각' 변수와 '크기' 변수값을 슬라이더를 조절해 원하는 값으로 변경한 뒤, 스페이스 키를 눌러 실행해보면 아래 그림처럼 다양한 패턴을 그리는 것을 확인할 수 있습니다.

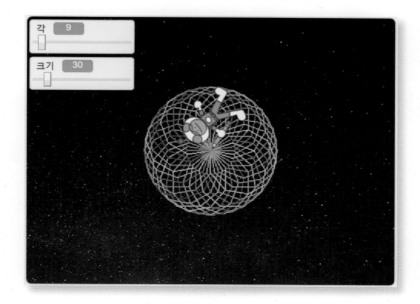

Kiran

```
클릭했을 때          1 ▾  키를 눌렀을 때        2 ▾  키를 눌렀을 때        3 ▾  키를 눌렀을 때
  모두 지우기           모두 지우기              모두 지우기              펜 내리기
                     x 0  y 0 (으)로 이동하기    x 0  y 0 (으)로 이동하기    x 0  y 0 (으)로 이동하기
                      펜 내리기               펜 내리기               모두 지우기
                      펜 색깔을 ( ) (으)로 정하기   펜 색깔을 ( ) (으)로 정하기   펜 색깔을 ( ) (으)로 정하기
                      삼각형              사각형              오각형
```

```
삼각형  정의하기
  펜 색깔 ▾  을(를) 1 부터 100 사이의 난수 (으)로 정하기
  3 번 반복하기
    100 만큼 움직이기
    방향으로 120 도 회전하기
```

```
사각형  정의하기
  펜 색깔 ▾  을(를) 1 부터 100 사이의 난수 (으)로 정하기
  4 번 반복하기
    80 만큼 움직이기
    방향으로 90 도 회전하기
```

```
오각형  정의하기
  펜 색깔 ▾  을(를) 1 부터 100 사이의 난수 (으)로 정하기
  5 번 반복하기
    70 만큼 움직이기
    방향으로 72 도 회전하기
```

```
스페이스 ▾  키를 눌렀을 때
  모두 지우기
  x 0  y: 0 (으)로 이동하기
  펜 내리기
  36 번 반복하기
    크기 크기 각 각 다각형 그리기
    방향으로 10 도 회전하기
```

```
크기 크기 각 각 다각형 그리기  정의하기
  x: 0  y 0 (으)로 이동하기
  펜 내리기
  펜 색깔 ▾  을(를) 1 부터 100 사이의 난수 (으)로 정하기
  각 번 반복하기
    크기 만큼 움직이기
    방향으로 360 / 각 도 회전하기
```

업그레이드하기 2

http://bit.ly/2R7eYVx

새로운 모양의 패턴 '나만의 블록'으로 만들어 보기

도형과 패턴 그리기 프로젝트를 통해서 '나만의 블록'의 사용법을 배웠고 업그레이드 1까지 같이 해보며 '나만의 블록'의 유용함을 더 느낄 수 있었습니다. 한 번 더 업그레이드해봅시다. 그림과 같이 불꽃놀이 같은 패턴을 만들어 봐도 좋고, 자신만의 새로운 패턴을 만들어도 좋습니다. 충분히 고민하면서 만들어 보세요.

➡ 완성본 참고: https://scratch.mit.edu/projects/358166804

PART 04

다양한 장르 게임

마지막은 조금 다른 챕터가 시작되는 부분입니다. 앞의 챕터까지는 모두 코딩 기본에 대해 배우는 예제들이었으며 여기부터는 유행하는 3가지 장르의 게임을 개발해보도록 하겠습니다.

숲속의 곰 프로젝트부터 도형과 패턴 그리기 프로젝트까지 진행하면서 스크래치에서 배울 수 있는 핵심개념들을 모두 배웠습니다. 그리고 각 프로젝트를 할 때마다 알고리즘을 설명하며 생각과 발상을 이렇게도 할 수 있다는 걸 배웠습니다. 이제부터는 직접 게임을 만들어 보겠습니다. 소프트웨어를 만드는 과정을 간단하게나마 진행해보며 게임 분야에서 유행했던 3가지 장르의 게임을 만들어보도록 하겠습니다.

코딩세계 초보여행자를 위한 안내서

소프트웨어 개발 순서

소프트웨어의 개발은 어떤 순서로 이루어지는지 필자가 몇 년 전 출시했던 1인 개발 게임인 '판타지 뽀바모아'를 예로 들어 아주 간단하게 알아봅시다.

기획하기

제일 첫 순서는 '기획'입니다. 어떤 소프트웨어를 만들 건지 아이디어를 고민하는 단계입니다. 필요하다면 그림도 그려가면서 아이디어를 구체화하는 순서를 가집니다.

디펜스 장르의 게임을 만들자!

기능 정의하기

다음으로 소프트웨어의 기능을 구체적으로 정리하는 작업을 합니다. 어떤 기능들이 있으며 그 기능은 무슨 일을 해야 하는지 구체적으로 기술해두는 단계입니다. 아이디어를 구상하고 그 기능들이 머릿속에만 있게 된다면 잊어버리기도 하고 생각이 엉키기도 합니다. 문서화를 시킴으로써 명확하게 기능을 정의하는 것입니다.

기사는 기본체력이 100에 공격력이... 등등

게임의 주인공들의 능력치를 작성한 예

No	이름	레벨	공격력	체력	체력회복	방어력	크리티컬(%)	크리확률(%)	공격속도	공격범위	이동속도	타겟수	공격이펙트	레벨 밸런스
1	기사	Level 1	15	100		0	0.5	1	1.5	1.2	1	1		100
		Level 40	600	2440		6.63	1.007	3.0007	1.5	1.512	1	1	attack_sword	
		증가량	15	60		0.17	0.013	0.0513	0	0.008	0	1		
2	마녀	Level 1	7	65		0	0.5	1	2.2	1.2	1	1		100
		Level 40	280	845		6.63	0.5	1	1.5	1.512	1	1	attack_fire	
		증가량	7	20		0.17	0	0	0	0.008	0	0		
3	궁수	Level 1	18	80		0	0.5	1	1.5	1.4	1	1		100
		Level 40	720	1640		6.63	1.475	5.77555	1.5	1.712	1	2	attack_arrow	
		증가량	18	40		0.17	0.025	0.12245	0	0.008	0	1		
4	힐러	Level 1	8	70		0	0.5	1	2.2	1.2	1	1		100
		Level 40	320	1669		6.63	0.5	1	1.5	1.512	1	1	attack_bone	
		증가량	8	41		0.17	0	0	0	0.008	0	0		
5	똥냥이	Level 1	9	70		0	0.5	1	2.2	1.2	1	1		100
		Level 40	360	1240		6.63	0.5	1	1.5	1.512	1	1	attack_fire	
		증가량	9	30		0.17	0	0	0	0.008	0	0		
6	바이킹	Level 1	20	200		0	0.5	1	1.75	1.2	0.8	1		100
		Level 40	800	3008		6.63	1.007	3.0007	1.75	1.512	0.8	2	attack_axe	
		증가량	20	72		0.17	0.013	0.0513	0	0.008	0	1		
7	도적	Level 1	8	80		0	0.5	1	1.2	1.2	1	2		100
		Level 40	320	1640		6.63	1.475	5.77555	1.2	1.512	1	4	attack_dagger	
		증가량	8	40		0.17	0.025	0.12245	0	0.008	0	2		
8	연금술사	Level 1	10	100		0	0.5	1	2.2	1.2	1	1		100
		Level 40	400	1660		6.63	0.5	1	1.5	1.512	1	1	attack_bottle	
		증가량	10	40		0.17	0	0	0	0.008	0	0		
9	아기골드린	Level 1	40	100		0	0.5	1	1.5	1.2	1	1		100
		Level 40	1600	2050		6.63	1.007	3.0007	1.5	1.512	1	1	attack_gold	
		증가량	40	50		0.17	0.013	0.0513	0	0.008	0	1		

화면 설계하기

기능이 잘 정리되었다면 구체적으로 많은 부분이 정리되는 단계입니다. 이걸 토대로 어떤 화면이 그려질까 생각해보며 화면을 설계하는 단계를 가집니다. 이 과정을 통해 부족했던 기능을 보강하기도 합니다. 화면 설계를 통해 어떤 소프트웨어를 개발하게 될 것인지가 명확해지게 됩니다.

알고리즘 설계하기

다음으로 소프트웨어의 기능들, 각 화면에서 동작해야 하는 알고리즘들에 대해서 알고리즘을 작성합니다. 여기에는 앞에서 배운 '순서도'와 그 밖의 다양한 다이어그램들을 활용해서 작성하게 됩니다. 전체적인 흐름이 어떻게 되는지 더 명확해지고 알고리즘 구현을 어떻게 해야 하는지가 정리됩니다.

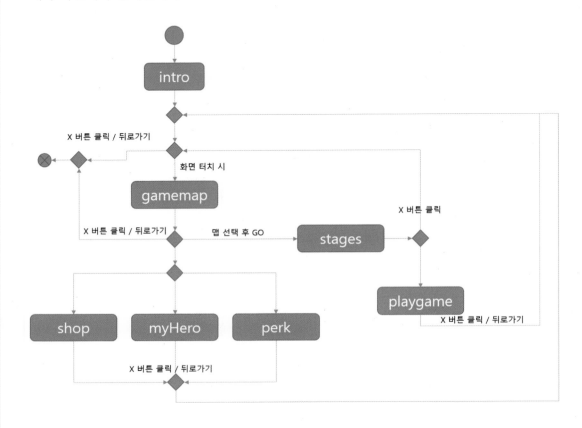

게임의 전체 흐름을
'State 다이어그램'이란 것으로 표현한 것.

코딩(프로그래밍)하기

하나씩 하나씩 완성해나갑니다.

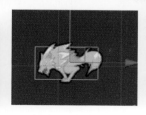
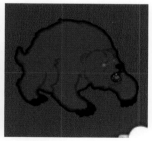

앞의 모든 과정에서 나온 결과를 가지고 코딩을 합니다. 정의한 내용을 하나씩 구현해나가는 과정입니다.

테스트(검토)하기

어느 정도 개발이 완료되었을 때 테스트를 합니다. 어떤 버그와 문제가 있는지를 찾아 해결하는 과정입니다.

이 모든 단계를 거쳐 비로소 하나의 소프트웨어가 탄생하게 됩니다.

'판타지 뽀바모아'완성!

실제로 위의 과정들을 거쳐
게임을 만들었으며
Google Play와 앱스토어에서
다운할 수 있습니다

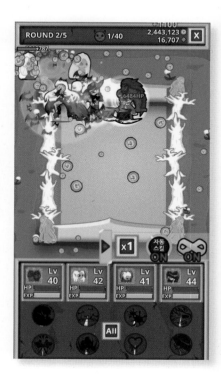

러너게임 만들기

수많은 게임 장르 중 달려가면서 점수를 획득하는 '러너' 게임이 있습니다. 달리는 방향은 가지각색으로 정말 많은 게임이 있습니다. 대표적으로 우리나라에서 널리 알려진 게임으로는 쿠키런이란 게임이 있습니다.

횡스크롤 방식으로 왼쪽에서 오른쪽으로 달려가면서 유저는 점프를 하며 장애물을 피하고 코인을 획득해 점수를 얻으면서 진행하는 방식입니다. 또 다른 게임으로 프렌즈런이란 게임도 있습니다.

http://www.trex-game.skipser.com/에 접속해서 Trex run 게임을 한번 해보세요. 이런 방식의 게임을 만들 것입니다.

01

http://bit.ly/35MxXdp

고급예제1
스크래치캣 러너

개요

러너 장르의 게임을 스크래치에서 만들어 봅니다. 고양이가 앞으로 계속 달려갑니다. 스페이스를 눌러 점프를 하여 뱀을 피할 수 있습니다.

기능정의

개발 단계 중 '기능 정의', '알고리즘 설계하기' 단계를 보고 코딩해보도록 합니다.

등장하는 스프라이트는 '고양이', '뱀', '박쥐', '점수표현', '배경'이 있습니다. 각각의 기능을 간단히 정리하면 다음과 같습니다.

기능	설명
게임 시작	스페이스 키 또는 마우스를 클릭하면 게임이 시작됩니다.
난이도 조절	시간이 지날수록 장애물이 오는 속도를 빠르게 만들어 난이도를 높입니다. 또한, 난이도가 일정 단계에 접어들면 박쥐도 소환되도록 합니다.
점수 획득	시간이 지날수록 점수를 올립니다.

	기능	설명
Cat	달리기	고양이가 계속 달립니다.
	점프	스페이스를 누르면 점프를 합니다. 장애물을 피할 수 있습니다.
	게임 오버	뱀/박쥐에 닿게 되면 게임 오버가 됩니다.

	기능	설명
Snake	복제본 생성	오른쪽 화면 끝에서 무작위 초 간격으로 뱀/박쥐가 생성됩니다. 뱀: 생성될 때, 모양이 다르게 합니다. 박쥐: 점프로도 피할 수 있고 가만히 있어도 피할 수 있는 위치에 생성됩니다.
Bat	이동	생성된 뱀/박쥐는 화면 끝 쪽으로 계속 이동합니다.

	기능	설명
5 점수표현	점수 표시	점수를 표시합니다.

알고리즘

핵심 알고리즘들을 설계하면 다음과 같습니다.

고양이의 알고리즘

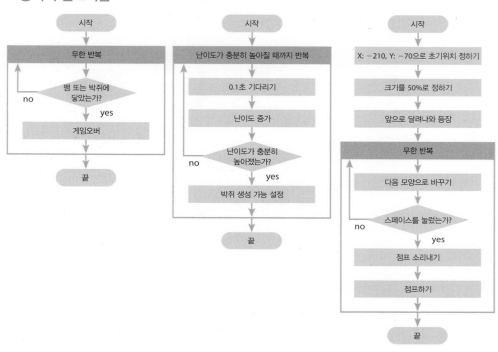

뱀/박쥐의 알고리즘

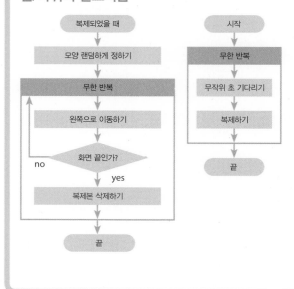

코딩

이제 러너 게임을 직접 만들어 봅시다.

STEP 01 → 스프라이트와 배경 추가

아래의 스프라이트들과 배경을 추가해줍니다.

STEP 02 → 공통 변수 만들기

다음과 같은 변수들을 먼저 만들어 놓습니다.

☐ 점프
점프는 가속도만큼 증가하며 공중으로 올라갔다가, 다시 가속도만큼 감소하면서 원래 자리로 내려와야 합니다. 그 값을 저장하기 위한 변수를 만들어줍니다.

☐ 난이도속도
게임의 난이도를 점점 올라가도록 해줄 변수입니다.

☐ 박쥐복제
일정 시간이 지나면서 난이도가 올라갔을 때 박쥐가 등장하도록 하기 위한 변수입니다.

☐ 어떤몬스터
박쥐가 등장 가능할 때, 뱀 또는 박쥐를 복제시키기 위한 변수입니다.

STEP 03 → 고양이 스크립트 작성

먼저 고양이의 속성값을 다음과 같이 설정해줍니다.

① 시작 신호를 만들어주고 코딩합니다. 먼저 고양이의 초기값을 설정을 해줍니다. 그리고 스페이스를 눌렀을 때 점프를 하도록 만들어 봅시다.

계속해서 다음 모양으로 바꿔주면서 스페이스 키를 눌렀을 때 점프를 하도록 합니다. 점프 변수를 20으로 설정하고 10번을 반복하면서 점프 변수값을 2씩 줄여나갑니다. 그리고 좌표를 점프 값만큼 바꿔주면 체공하는 듯한 표현이 됩니다.

② 점프 후, 아래로 다시 내려와 원위치로 돌아오도록 해줍니다. 점프해서 공중으로 올라갔을 때와 마찬가지로 아래로 내려올 때도 가속도를 표현해주어야 합니다.

내려올 땐 Y좌표 값이 줄어들어야 하므로, 다음과 같은 연산을 만들어줍니다. 점프값이 2라고 했을 때 '0-2'가 되므로, Y좌표를 –2만큼 바꾸게 됩니다.

③ 점프 효과음을 넣어봅시다. 소리탭으로 가서 'Jump' 소리를 추가해줍니다.

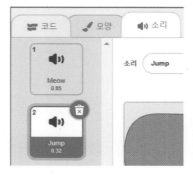

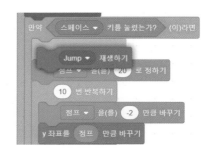

④ 점프 소리를 스페이스키를 눌렀을 때 재생하도록
해줍니다.

⑤ 생동감을 더해줍시다. 시작했을 때 앞으로 조금 걸
어 나오도록 다음과 같이 코드를 추가해줍니다.

아래처럼 시작했을 때 시작 신호를 보내 코드를 실
행시킬 수 있도록 합니다. 그리고 시작한 뒤 스페이
스를 눌러 점프가 잘 되는지 확인합니다.

고양이의 핵심 코드를 완성했으므로 우선 다른 스프라이트 코딩을 하고 나중에 추가되는 부
분을 코딩하겠습니다.

STEP 04 → 배경(움직이는 숲) 스크립트 작성

이제 움직이는 배경을 만들어 봅시다. 러너 게임은 무한으로 계속 달려갑니다. 그러면 배경
을 어떻게 해야 할까요? 그만큼 길이가 긴 배경이 있어야 할까요? 쉬운 방법은 주인공은 제
자리에서 달리고 있고 배경을 움직여주는 것입니다.

배경 움직이기 트릭 설명

현재 다음과 같은 상태입니다. 노란색 사각형 영역이 현재 우리가 보는 실행 화면입니다.

똑같은 배경을 화면 끝에 복사해줍니다. 그러면 두 배경이 이어지게 됩니다. 여기서 중요한 것은 이렇게 배경을 복사해서 놓았을 때 배경이 매끄럽게 이어지는 모양이어야 합니다.

이 상태에서 고양이는 달리는 모습을 하고 있고 두 배경을 왼쪽으로 계속 이동시켜주면 마치 고양이가 앞으로 계속 달려가는 듯한 연출이 가능하게 됩니다.

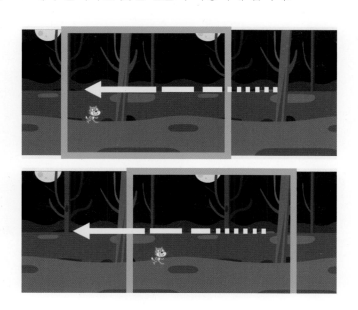

그렇게 배경이 계속 이동하다가 왼쪽 화면 끝까지 넘어가게 되면, 다시 맨 오른쪽 끝으로 이동시켜주는 것입니다. 계속 이 방법을 반복시키면 무한으로 배경이 움직여 달리는 모습을 쉽게 표현할 수 있습니다.

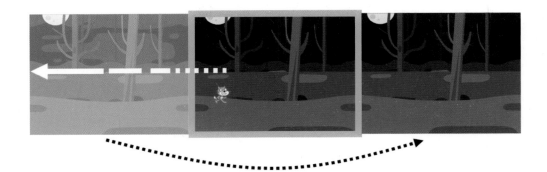

이제 배경 움직이기 트릭을 코딩해봅시다. 그런데 스크래치에서는 배경을 움직일 수가 없습니다. 배경을 움직이려고 보니 다음과 같이 무대가 선택되어 동작 블록을 사용할 수 없다는 메시지가 나옵니다.

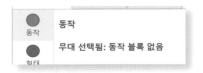

그러므로 스프라이트로 배경 모양을 복사해와야 합니다. 스프라이트 추가에서 그리기를 눌러 빈 스프라이트를 만들어줍니다.

그리고 무대를 클릭해 준 뒤 모양 탭으로 갑니다. Woods모양을 선택하고 '복사'를 눌러줍니다.

 새로 만들었던 스프라이트의 모양으로 가보면 빈 모양 1이 있습니다.

여기서 '붙이기'를 눌러주면 다음과 같이 배경 모양이 그대로 복사가 됩니다.

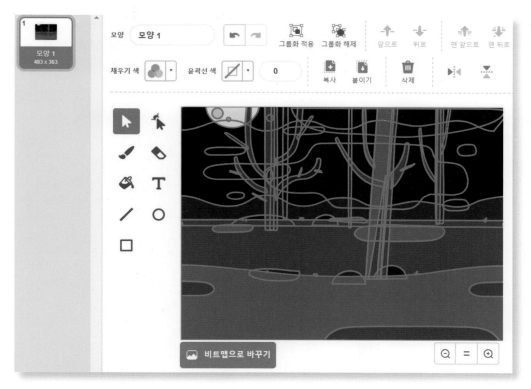

 마지막으로 스프라이트 이름을 '움직이는숲'으로 수정합니다. 모양 복사가 완료되었으므로 배경 움직이기 트릭을 코딩합니다.

❶ 먼저 초기값으로 다음과 같이 코딩해줍니다. 배경을 움직여야 하기에 스프라이트로 만들었습니다. 따라서 순서를 맨 뒤쪽으로 보내주는 것입니다.

❷ 배경을 움직이는 알고리즘을 '배경움직이기' 나만의 블록으로 코딩해줍니다. −455가 맨 왼쪽 끝정도의 값이므로 다음과 같은 조건이 되어야 합니다. 그리고 조건이 참이 되었을 때, 맨 오른쪽 X좌표인 464로 이동시키는 것입니다.

아래와 같이 해보면 스프라이트 좌표의 최소, 최댓값을 쉽게 알 수 있습니다. 예를 들어, 왼쪽 그림처럼 X 좌표 값을 500으로 적어주었습니다. 실행 화면의 오른쪽 끝인 240보다 훨씬 큰 값을 어림잡아 적어준 것입니다. 그리고 엔터키를 누르면 오른쪽 그림처럼 스프라이트가 맨 오른쪽으로 갈 수 있는 최댓값으로 변환됩니다. 이와 같은 방법으로 좌표의 최솟값, 최댓값을 알 수 있습니다.

❸ 이어서 계속 코딩해봅시다. 시작 신호를 받으면 바로 복제본을 만들고 '배경움직이기'를 실행하도록 합니다.

복제본은 복제되자마자 맨 오른쪽으로 가도록 464위치로 이동시킵니다. 그리고 '배경움직이기'를 실행하도록 합니다.

실행해보면 배경이 끊임없이 잘 움직이는 것을 확인할 수 있습니다.

이제 이 게임의 장애물인 뱀과 박쥐가 나오도록 스크립트를 작성해봅시다. 뱀의 스크립트이지만 박쥐 복제는 여기서 하도록 할 것입니다. 먼저 속성값을 설정해줍니다.

① 다음과 같이 코딩해줍니다. 먼저 0.5 ~ 2초 사이로 복제되도록 만들어줍니다. 그리고 아직 코딩이 안 되었지만, 난이도가 올라갔을 때 '박쥐복제'가 1(참)이 될 것입니다. '박쥐복제'가 1(참)이라면 '어떤몬스터' 변수를 0또는 1로 정해줍니다. 만약에 '어떤몬스터'가 1로 정해졌을 때 '박쥐복제'도 1이라면 박쥐를 복제시키고 아니라면 뱀을 복제하도록 합니다.

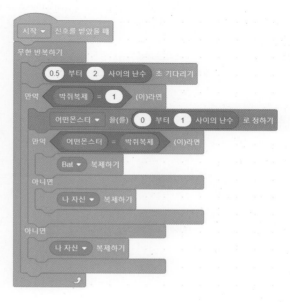

X좌표끝 이라는 변수를 '이 스프라이트에서만 사용'으로 만들어줍니다. 꼭 이 스프라이트에서만 사용으로 만들어야 합니다.

복제 코드를 다음과 같이 작성합니다. 복제되면 먼저 뱀 모양을 랜덤으로 정해줍니다. 그리고 계속 반복하면서 'X좌표끝' 변수를 X좌표로 정해주도록 합니다. 그다음 '난이도속도'만큼 X좌표를 계속 이동시킵니다. 그러다 결국 복제된 뱀은 맨 왼쪽으로 가게 되고 'X좌표끝' 변수가 더 이상 변할 수 없게 되었을 때는 맨 왼쪽 끝인 [X좌표끝 = x좌표] 조건이 되므로 이때 복제본을 삭제시키는 것입니다.

② 이렇게 코딩하는 이유는 뱀의 모양이 각각 다를 때 X좌표 맨 왼쪽값이 모두 다르기 때문입니다. 이 값은 스프라이트 크기에 따라 또 달라지기 때문에 유연하게 적용될 수 있도록 위와 같이 코딩하는 것입니다.

X : -243

X : -259

X : -281

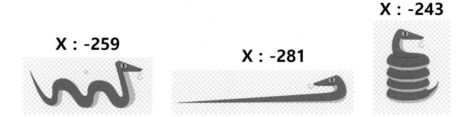

STEP 06 → 박쥐 스크립트 작성

뱀과 같은 장애물 역할을 할 박쥐 스크립트를 작성해봅시다. 먼저 속성값을 아래와 같이 설정해줍니다. 박쥐는 난이도가 증가하면 나타나도록 할 것이며, 가만히 있어도 피할 수 있고 점프로도 피할 수 있는 장애물입니다. 따라서 아래와 같은 크기와 위치값이 되어야 합니다.

뱀 스크립트에 방금 만든 '복제 되었을 때' 코드를 드래그하여 박쥐 스프라이트 위로 올려줍니다. 그리고 모양 바꾸기 블록만 삭제해주고 박쥐의 복제 코드를 손쉽게 완성합니다.

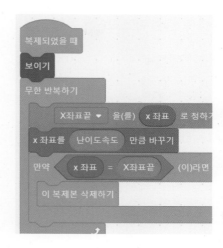

STEP 07 → **고양이 스크립트 추가 작성**

핵심 코드들이 모두 완성되었습니다. 게임이 매끄럽게 진행
될 수 있도록 추가 코드들을 작성해봅시다.

❶ 난이도가 점점 높아지도록 코딩해줍니다. 난이도의 최
대는 −13 정도로 해줍니다. 더 높아지지 않도록 반복을
멈추도록 하며 박쥐복제를 1(참)로 만들어 박쥐가 등장
할 수 있게 만들어줍니다.

❷ 뱀과 박쥐에 닿으면 게임오버가
되도록 코딩해줍니다. 고양이가
동작하고 있던 모든 스크립트를
멈추게 해줍니다.

STEP 08 → **움직이는숲 스크립트 추가 작성**

움직이는 숲에도 신호를 받았을 때 해야할 코드를 작성해줍
니다. 펜 확장 기능을 추가하고 아래와 같이 코딩합니다. 게
임오버가되면 현재 상황을 도장으로 찍고 반복을 멈춥니다.
이렇게 하는 이유는 반복을 멈출 때, 복제본들이 삭제되기 때
문에 복제본들 마지막 모습을 도장으로 찍어주는 것입니다.

뱀과 박쥐 스프라이트 둘다 똑같이 아래와 같이 작성해줍니다. 움직이는숲과 마찬가지로 마지막 상황을 도장으로 찍어주는 것입니다.

STEP 10 → 점수표현 스크립트 가져오기

이제 게임이 거의 완성이 되었을 것입니다. 앞서 배웠던 점수 표현을 여기서도 해봅시다. 새로 코딩하지 않고 '불가사리 잡기'에 만들었던 점수표현을 그대로 가져와 보겠습니다. 현재까지 진행된 내용이 저장되지 않았다면 저장을 해주고 '불가사리 잡기' 프로젝트를 열어줍니다(만약 불가사리 프로젝트를 저장하지 못했다면 책의 불가사리 잡기 점수표현 파트를 보고 다시 코딩해야 합니다).

작업실에 불가사리 잡기 프로젝트를 스크립트 보기로 열어줍니다.

맨 아래의 개인 저장소를 클릭합니다.

아래와 같이 아무것도 없다고 나올 것입니다.

점수표현 스프라이트를 드래그해서 아래의 개인 저장소로 넣어줍니다.

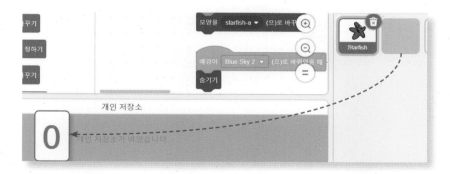

이렇게 잘 들어있는 게 확인되었다면 다시 스크래치캣 러너로 돌아갑니다.

개인 저장소의 점수 표현을 스프라이트 목록으로 드래그해줍니다.

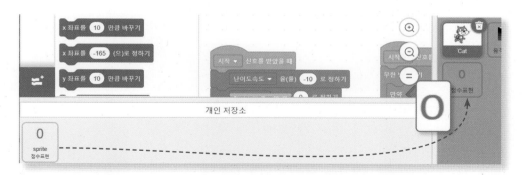

점수표현이 그대로 잘 추가됩니다. 점수 추가가 아주 손쉽게 완료되었습니다.

STEP 11 → 무대 스크립트 작성

이제 무대 스크립트를 작성해봅시다. 현재 게임을 진행할수록 점수가 올라가도록 하는 알고리즘이 코딩되지 않았습니다. 이 알고리즘을 무대에 작성하도록 하겠습니다.

그전에 먼저 무대에 소리 2개를 추가합니다.

□ 시작 그리고 '시작'이란 변수도 만들어줍니다. 러너 게임은 게임오버가 되었을 때, 매번 깃발을 클릭해서 다시 시작하는 게 아니라 스페이스 키를 누르면 바로 재시작할 수 있도록 할 것입니다. 이 알고리즘에 필요한 변수입니다.

❶ 시작했을 때 코드입니다. 점수를 0.5초마다 증가하도록 합니다. 시작 변수를 1로 초기화하여 시작했다는 상태로 정해줍니다.

❷ 배경음악을 계속해서 재생시키는 코드입니다.

❸ 게임오버가 되었을 때, 시작을 0으로해서 게임오버 상태임을 나타내도록 정합니다.

❹ 게임오버 상태일 때 다시 시작 신호를 보내어 게임을 재시작할 수 있도록 만들어줍니다.

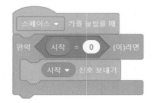

실행하고 게임오버가 되었을 때 스페이스를 누르면 재시작이 잘 안되는 상황을 볼 수 있습니다. 코드를 마저 추가해봅시다(99% 완성입니다!).

$\boxed{\text{STEP 12}}$ → **움직이는숲 스크립트 추가 작성 2**

재시작했을 때 복제본을 지워줘야 합니다. 그림과 같이 코드를 추가 합니다.

마찬가지로 재시작했을 때 복제본을 지워줘야 합니다. 뱀과 박쥐 둘 다 그림과 같이 코드를 추가합니다.

이제 프로젝트를 실행하고 게임을 해보면 잘 되는 것을 확인할 수 있습니다. 아래처럼 게임 오버 문구가 나올 수 있도록 스스로 한번 코딩해봅시다.

완성본 참고: https://scratch.mit.edu/projects/358026881

나만의 게임 만들어보기 1

러너 장르의 나만의 게임 만들기

게임에서 유행했던 러너 장르 게임을 스크래치로 만들어 보았습니다. 스크래치캣은 왼쪽에서 오른쪽으로 진행이 되는 '횡스크롤' 방식의 게임입니다. 똑같은 방식이나 비행기 슈팅 게임처럼 '종스크롤' 방식 등 다른 방식의 게임을 직접 만들어 봅시다. 설명했던 소프트웨어 개발 순서에 따라 기획, 기능 정의, 화면 설계, 알고리즘 작성, 코딩 순으로 진행하면서 자신만의 아이디어를 만들어 보도록 합시다.

피하기 게임 만들기(고슴도치 피하기)

정말 수 없이 많은 장르의 게임이 있고 그 중 러너 게임과 마찬가지로 가장 유행하는 장르 중 하나가 '피하기' 장르입니다. 누구나 손쉽고 재밌게 플레이할 수 있는 장르로 다양한 형태의 게임이 많이 있습니다. 이번엔 피하기 장르의 게임을 한번 만들어보겠습니다.

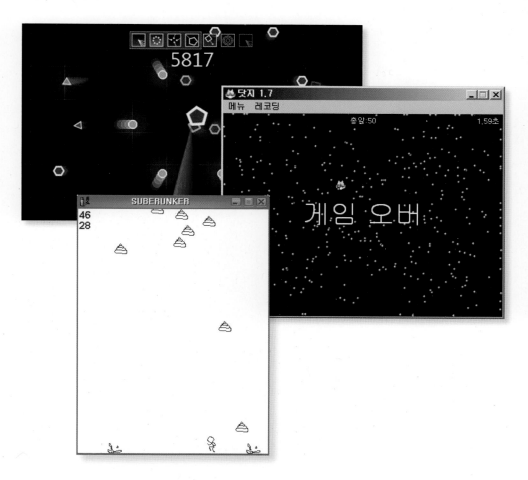

02

고급예제2
고슴도치 피하기

http://bit.ly/36QcAcg

개요

피하기 장르의 게임을 스크래치에서 만들어 봅니다. 프랭크를 좌우로 움직여 음식을 먹습니다. 프랭크는 음식을 먹으면 커지고 먹지 못하면 계속 작아져 게임에서 패배합니다. 고슴도치에 맞으면 매우 작아집니다.

기능정의

개발 단계 중 '기능 정의', '알고리즘 설계하기' 단계를 보고 코딩해보도록 합니다. 등장하는 스프라이트는 '프랭크', '아이템', '배경'이 있습니다. 각각의 기능을 간단히 정리하면 다음과 같습니다.

	기능	설명
	난이도 조절	시간이 지날수록 프랭크의 체력이 지속해서 감소합니다. 감소하는 폭이 갈수록 커지기 때문에 음식을 빨리 많이 먹어야 합니다.

	기능	설명
Frank	이동	왼쪽, 오른쪽 방향키로 프랭크를 움직입니다.
	음식 먹기	음식을 먹으면 체력이 증가합니다.
	게임 오버	음식을 계속해서 먹지 못하면 체력이 줄어들어 게임에서 패배합니다.

	기능	설명
Apple	복제본 생성	맨 위쪽에서 무작위 위치마다 음식을 생성합니다. 확률에 따라 체력회복이 많이 되는 음식을 생성합니다.
Bananas 등의 음식들	이동	생성된 음식은 아래쪽으로 계속 이동합니다.

	기능	설명
Hedgehog	복제본 생성	낮은 확률로 고슴도치를 생성합니다.
	이동	생성된 고슴도치는 아래쪽으로 계속 이동합니다.
	체력 감소	고슴도치가 프랭크에게 닿으면 프랭크의 체력을 크게 감소시킵니다.

핵심 알고리즘들을 설계하면 다음과 같습니다.

프랭크의 알고리즘

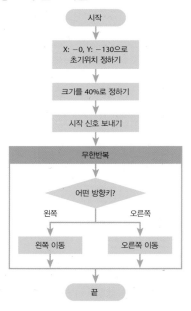

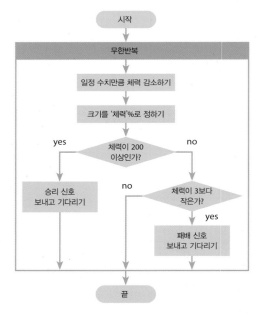

아이템의 알고리즘

아이템은 음식과 고슴도치입니다. '아이템'
이란 스프라이트를 만들고 음식과 고슴도치
를 하나의 스프라이트에 나타냅니다.

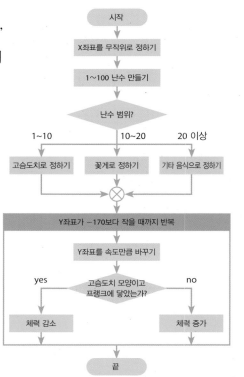

코딩

이제 피하기 게임을 직접 만들어 봅시다.

STEP 01 → 스프라이트와 배경 추가

아래의 스프라이트들과 배경을 추가해줍니다. 아이템은 만들기로 추가할 것입니다.

STEP 02 → 공통 변수 만들기

다음과 같은 변수들을 먼저 만들어 놓습니다.

☐ 프랭크속도　프랭크가 움직일 때의 속도값입니다. 가속도에 따라 변화할 것입니다.

☐ 체력　프랭크의 체력입니다. 체력에 따라 크기가 바뀔 것입니다.

☐ 간격　아이템이 생성되는 시간을 나타냅니다. 시간이 지날수록 간격이 짧아집니다.

☐ 아이템모양번호　프랭크가 먹은 아이템이 무엇인지 알 수 있는 변수입니다. 모양 번호에 따라 체력을 증가, 감소 시킵니다.

STEP 03 → 프랭크 스크립트 작성

먼저 프랭크의 속성값을 다음과 같이 설정해줍니다.

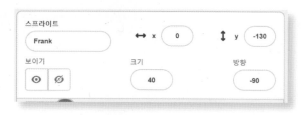

☐ 가속도　프랭크의 속도를 점점 빨라지게 할 가속도 변수입니다. '이 스프라이트에서만 사용'으로 만들어줍니다.

① 프랭크의 초기값을 설정해줍니다. 기본 속도를 2, 체력을 40으로 설정해 주고 시작 신호를 만들어 보내도록 합니다.

② 프랭크가 왼쪽, 오른쪽으로 움직일 때의 알고리즘을 나만의 블록으로 만듭니다. '방향'값과 '속도'값을 입력으로 사용하도록 만들어주고 다음과 같이 코딩합니다.

움직일 때마다 가속도를 증가시켜 속도를 빠르게 만듭니다. 최대 5를 넘지 않도록 해줍니다.

③ 방향키로 프랭크를 움직일 수 있도록 다음과 같이 코딩합니다. 키 입력이 없을 땐 가속도를 다시 0으로 초기화합니다.

우선 프랭크를 움직일 수 있는 알고리즘이 완성되었으므로, 다음으로 아이템을 코딩한 뒤에 다시 프랭크를 추가 코딩합니다.

❶ 스프라이트 그리기를 해줍니다. 그리고 오른쪽 그림과 같이 모양들을
추가해주도록 합니다.

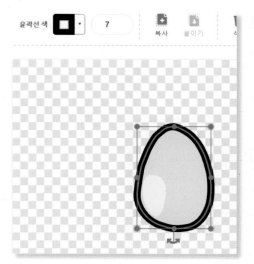

❷ 달걀은 실행 화면에서 보면 잘 보이지 않습
니다. 달걀 모양을 선택한 다음 윤곽선을 검
은색, 굵기를 7로 설정해줍니다.

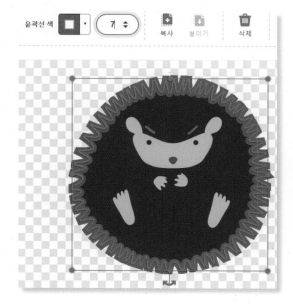

❸ 고슴도치는 윤곽선을 붉은색으로 설
정해 위험한 아이템처럼 보이도록 만
들어줍니다.

아이템의 속성값을 다음과 같이 설정해줍니다.

④ 시작 신호를 받았을 때 일정 간격마다 복제하도록 다음과 같이 코딩합니다.

간격의 연산 공식은 시간이 지날수록 간격이 점점 짧아지도록 하는 것입니다.

log ▼ (타이머) 는 시간이 지날수록 아래와 같은 그래프가 그려집니다. 시간에 따라 값이 천천히 증가하게 됩니다. 따라서 시간이 지날수록 너무 빨라지지 않고 적당한 난이도의 게임이 완성됩니다.

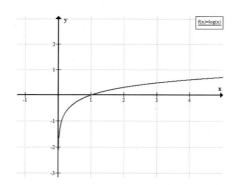

가속도 '이 스프라이트에서만 사용'으로 가속도 변수를 만들어줍니다. 아이템 각각이 가속도에 따라 아래로 떨어질 수 있도록 하는 데 필요합니다.

⑤ 속도 변화를 주는 코드를 아래와 같이 작성합니다.

```
복제되었을 때
  속도 ▼ 을(를) 0 로 정하기
  무한 반복하기
    속도 ▼ 을(를) 가속도 만큼 바꾸기

복제되었을 때
  가속도 ▼ 을(를) 0.2 로 정하기
  무한 반복하기
    0.1 초 기다리기
    가속도 ▼ 을(를) 0.05 만큼 바꾸기
```

⑥ 가로 위치를 무작위로 설정해 줍니다. 그리고 확률에 따라 다양한 아이템이 될 수 있도록 다음과 같이 코딩합니다.

난수를 0.0부터 100까지 생성합니다. 난수가 0.0 ~9.9 사이로 나오면 10% 확률로 고슴도치가 됩니다.

아니면, 0.0 ~ 19.9 사이로 20% 확률로 꽃게가 되고 80% 확률로 나머지 음식이 됩니다.

```
복제되었을 때
  x 좌표를 -230 부터 230 사이의 난수 (으)로 정하기
  보이기
  만약 0.0 부터 100 사이의 난수 < 10 (이)라면
    모양을 Hedgehog-d ▼ (으)로 바꾸기
  아니면
    만약 0.0 부터 100 사이의 난수 < 20 (이)라면
      모양을 Crab-a ▼ (으)로 바꾸기
    아니면
      모양을 1 부터 3 사이의 난수 (으)로 바꾸기
```

⑦ Y좌표가 -170 보다 작을 때까지 속도에 따라 아래로 계속 내려가도록 합니다.

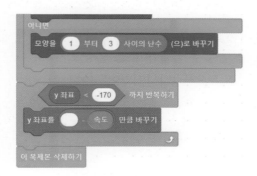

```
  아니면
    모양을 1 부터 3 사이의 난수 (으)로 바꾸기

  y 좌표 < -170 까지 반복하기
    y 좌표를 ◯ - 속도 만큼 바꾸기
  이 복제본 삭제하기
```

이제 프랭크가 음식을 먹을 때와 고슴도치에 닿았을 때의 체력 변화를 만들어줘야 합니다. 우선 입으로만 음식을 먹을 수 있게 하도록 프랭크 머리를 따로 만들어 보겠습니다.

→ **머리 스크립트 작성**

① 스프라이트 그리기를 해줍니다. 그리고 프랭크 스프라이트로 이동해줍니다.

② 프랭크 스프라이트에서 아래와 같이 머리만 클릭해주고 복사를 눌러줍니다.

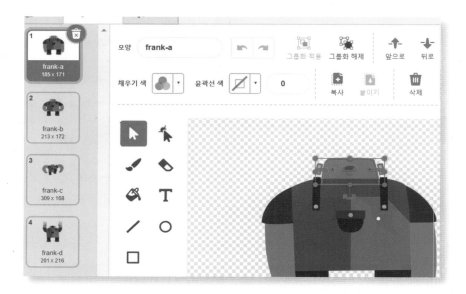

③ 다시 그리기를 했던 스프라이트로 이동한 다음에 모양으로 가서 붙이기를 해줍니다.

④ 머리의 속성값을 다음과 같이 설정해줍니다.

⑤ 코딩을 다음과 같이 해줍니다. 투명도를 99로 주고 프랭크를 따라다니도록 합니다. 체력에 따라 크기를 변하게 해 계속해서 프랭크와 똑같은 크기가 되도록 합니다.

머리 부분만 따로 감지를 시켜 음식은 입으로만 먹게 하여 주는 것입니다.

STEP 06 → 아이템 스크립트 추가 작성

다시 아이템으로가서 프랭크의 체력을 증가, 감소시킬 수 있도록 코딩을 합니다.

모양번호 5는 고슴도치입니다. 그 때 프랭크에게 닿으면 '체력감소' 신호를 보냅니다.

아니면 머리에 닿았을 땐 아이템 모양번호를 모양 번호로 저장해주고 '체력증가' 신호를 보내도록 합니다.

1 프랭크가 '체력감소' 신호를 받았을 땐 체력
을 15만큼 감소시키도록 합니다.

'체력증가'신호를 받았을 땐 모양번호에 따
라 체력을 증가시키도록 합니다.

2 바나나는 1, 사과는 4 달걀은 6 꽃게는 8 만
큼 체력이 올라갑니다.

3 체력에 따라 크기가 변하도록 다음
과 같이 코딩합니다. 프랭크에서는
[log ▼ (타이머)]를 사용해서 시간이 지
날수록 크기 감소를 더 크게 만들어줍
니다. 시간이 지날수록 난이도가 상승
합니다.

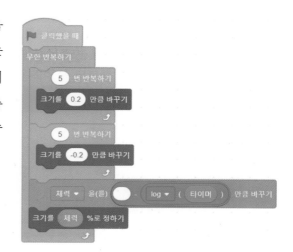

4 이제 실행해서 확인해봅시다. 잘 동작하는 것을 확인할 수 있으나 게임이 끝나지를 않
습니다. 승리와 패배를 구현해 마무리하도록 해봅시다.

바로 다음에 다음과 같은 코드를 추가
합니다. 체력이 200 이상이 되는 순간
승리 신호를 보내도록 하고, 체력이 3
보다 작아졌을 때 패배 신호를 보내도
록 합니다.

5 패배했을 때 코드들을 멈추도록 다음과 같이 코딩합 니다.

STEP 08 → 아이템 스크립트 추가 작성 2

다시 아이템으로 가서 승리했을 때 모두 멈추도록 코딩해 줍니다.

끝으로 고슴도치 피하기 게임을 완성하였습니다. 게임을 해보며 조금 부족한 부분은 스스로 만들어 보도록 합니다. 아래처럼 승리, 패배일 때 문구가 나오도록 하는 것도 해보면 좋습 니다.

➡ 완성본 참고: https://scratch.mit.edu/projects/358750337

나만의 게임 만들어보기 2

피하기 장르의 나만의 게임 만들기

게임에서 유행했던 피하기 장르 게임을 스크래치로 만들어 보았습니다. 비슷한 방식의 게임을 직접 만들어 봅시다. 설명했던 소프트웨어 개발 순서에 따라 기획, 기능 정의, 화면 설계, 알고리즘 작성, 코딩 순으로 진행하면서 자신만의 아이디어를 만들어 보도록 합시다.

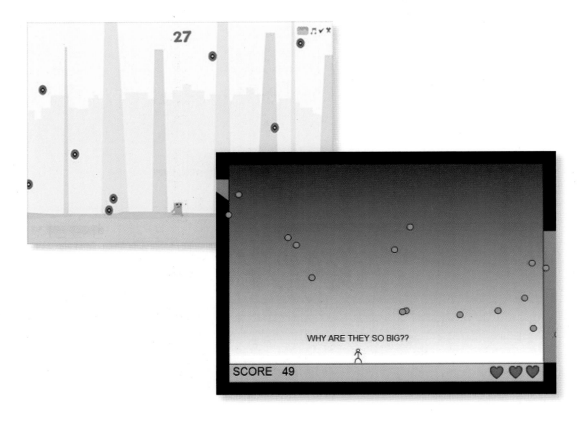

완성본 참고: https://scratch.mit.edu/projects/35802688

플래피 게임 만들기

너무나 쉽고 간단한 게임으로 크게 흥행했던 게임이 있습니다. 바로 '플래피 버드'라는 게임입니다. 베트남의 1인 개발자가 2013년도에 개발했던 게임으로 세계적으로 큰 성공을 했던 게임입니다. 현재까지도 수많은 아류작을 탄생시키고 있어 하나의 장르로 불리고 있습니다. 이 게임을 한번 만들어 보도록 합시다.

03

고급예제3
플래피 스크래치캣

http://bit.ly/2QPF5S5

개요

플래피 장르의 게임을 스크래치에서 만들어 봅니다. 고양이를 움직여 장애물을
계속 피해갑니다. 장애물을 피해 최대한 멀리 기록을 세우는 게임입니다.

기능정의

개발 단계 중 '기능 정의', '알고리즘 설계하기' 단계를 보고 코딩해보도록 합니다.

등장하는 스프라이트는 '고양이', '완드', '땅', '배경'이 있습니다. 각각의 기능을 간단히 정리하면 다음과 같습니다.

	기능	설명
	점수증가	시간이 지날수록 점수가 증가합니다. 고양이가 땅이나 완드에 닿으면 멈추게됩니다.

	기능	설명
Cat Flying	톡 튀기	마우스 또는 스페이스를 누르면 톡 톡 튑니다.
	게임 오버	완드 또는 땅에 닿으면 게임을 멈춥니다.

	기능	설명
Wand	복제본 생성	가운데 고양이가 피할 수 있는 영역이 만들어지며 한 번에 두 개의 복제본이 위, 아래로 생성됩니다.
	이동	생성된 완드는 왼쪽 방향으로 계속해서 이동합니다.

	기능	설명
Line	복제본 생성	복제본을 생성해 맨 오른쪽에 위치합니다.
	이동	원본과 복제본은 왼쪽 방향으로 계속해서 이동합니다. 맨 왼쪽 끝에 도달하면 다시 맨 오른쪽을 보냅니다.

	기능	설명
5 점수표현	점수 표시	점수를 표시합니다.

알고리즘

핵심 알고리즘들을 설계하면 다음과 같습니다.

고양이의 알고리즘

플랩을 하는 핵심
알고리즘입니다.

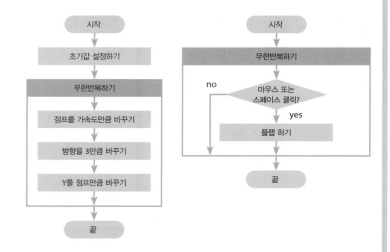

완드의 알고리즘

완드가 2개씩 복제되어 장애물로 생성되는 핵심
알고리즘입니다.

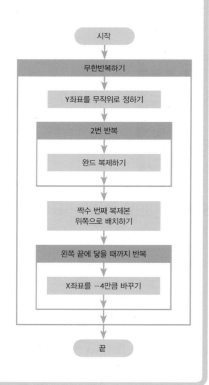

코딩

이제 플래피 게임을 직접 만들어 봅시다.

STEP 01 → 스프라이트와 배경 추가

아래의 스프라이트들과 배경을 추가해줍니다.

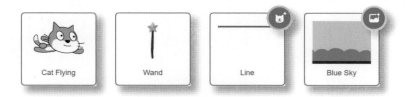

STEP 02 → 공통 변수 만들기

다음과 같은 변수들을 먼저 만들어 놓습니다.

☐ **점프**   고양이가 점프하는 크기입니다.

☐ **가속도**   점프를 가속도 만큼 바꿔 점점 크게 떨어지도록 합니다.

☐ **방향**   점프할 때 회전하는 방향을 나타냅니다.

☐ **복제개수**   완드가 복제될 때마다 개수를 저장합니다. 짝수 번째 완드는 위쪽에 배치하기 위해서입니다.

☐ **플래핑**   게임오버 상황이 아닐 때 플래핑을 할 수 있도록 하기 위해 상태를 저장하는 변수입니다.

STEP 03 → 고양이 스크립트 작성

먼저 고양이의 속성값을 다음과 같이 설정해줍니다. 다음 소리들도 추가해줍니다.

① 깃발을 클릭해 시작했을 때, 플랩을 하기 전 제자리에서 하늘을 나는 애니메이션을 표현합니다.

② 초기값을 설정하는 초기화 나만의 블록을 만들어줍니다. 다음과 같은 값으로 모두 설정해줍니다.

③ 초기화 블록으로 값들을 초기화하고, 마우스 또는 스페이스키를 누르면 시작 신호를 보내도록 합니다.

④ 시작 신호를 받았을 때 초기화를 해주는 이유는 게임 오버 후 다시 마우스나 스페이스를 눌렀을 때 초기화를 해주기 위해서 입니다. 초기화 다음 고양이를 계속 아래로 내려가도록 다음과 같이 코딩합니다.

마우스 또는 스페이스를 누르면 플랩을 하도록 다음과 같이 코딩합니다. 변수값만 바꿔주면 위의 코드로 인해 자연스럽게 점프가 만들어집니다. 플래핑변수 값 1은 현재 게임오버가 아닌 상황이기 때문에 점프를 할 수 있도록 하는 것입니다.

⑤ 시작하고 마우스 클릭이나 스페이스를 눌러보면 점프가 잘 되는 것을 확인할 수 있습니다. 고양이의 기본 알고리즘 작성이 되었으니 땅이 계속 움직이도록 해봅시다.

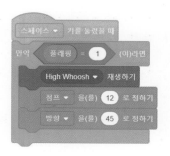

STEP 04 → **땅 스크립트 작성**

먼저 땅 역할을 할 Line 스프라이트의 모양을 수정해줍니다.

모양 탭으로 가서 페인트통 도구를 선택합니다.

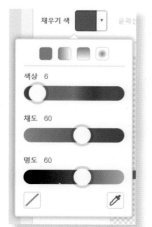

채우기 색을 다음 색과 비슷하게 설정해줍니다.

그리고 모양을 클릭해 색깔을 채우기 색으로 채워줍니다.

다음으로 붓 도구를 선택합니다.

 채우기 색을 다음 색과 비슷하게 설정해줍니다. 그리고 점을 마구 찍어줍니다. 이렇게 해주는 이유는 단색으로 채워져 있을 땐 무한으로 움직이게 하여도 움직이는지 모르게 됩니다. 땅이 움직이고 있음을 알 수 있도록 이렇게 만들어주는 것입니다.

이제 땅 코드를 아래와 같이 작성해줍니다. '스크래치캣 러너'의 배경과 마찬가지로 계속해서 움직이는 코드입니다.

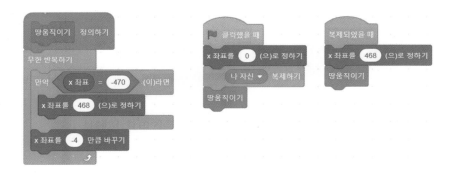

시작해보면 이제 스크래치 캣이 하늘을 날며 가는듯한 느낌이 나게 됩니다.

[STEP 05] → 완드 스크립트 작성

장애물 역할을 하는 완드를 만들어 봅시다. 먼저 속성값을 다음과 같이 설정해줍니다.

❶ 시작했을 때 복제를 하는 코드를 작성합니다. Y좌표를 랜덤하게 만들어 준 뒤 복제본을 2개씩 생성합니다. 생성될 때마다 복제개수 변수를 1만큼 증가하여 2번째 복제본들을 알 수 있도록 합니다.

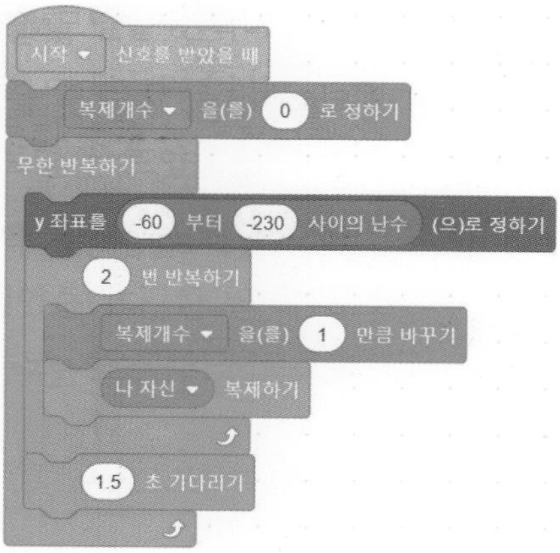

```
시작 ▼ 신호를 받았을 때
복제개수 ▼ 을(를) 0 로 정하기
무한 반복하기
  y좌표를 -60 부터 -230 사이의 난수 (으)로 정하기
  2 번 반복하기
    복제개수 ▼ 을(를) 1 만큼 바꾸기
    나 자신 ▼ 복제하기
  1.5 초 기다리기
```

❷ 복제 되었을 때 기본적으로 X가 –250보다 작을 때까지 왼쪽으로 계속 이동하도록 합니다. 만약 복제 개수를 2로 나눈 나머지가 0일 때란 말은 짝수 번째로 복제된 완드를 말합니다. 짝수 번째 완드들은 위쪽으로 뒤집히고 가운데 공간을 띄울 수 있도록 다음과 같은 연산식이 사용됩니다.

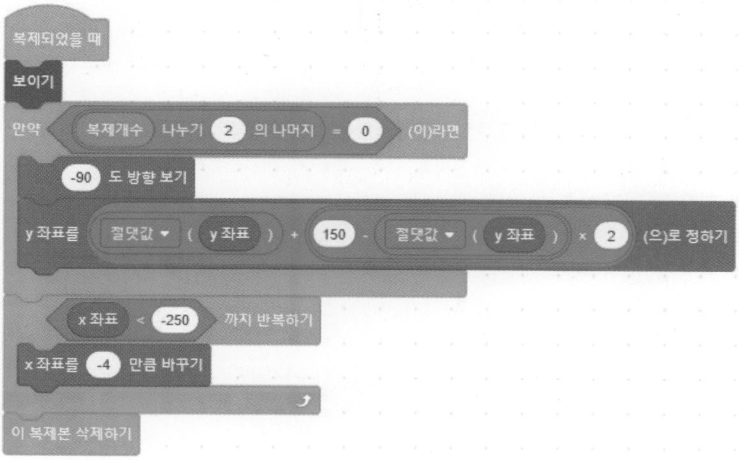

```
복제되었을 때
보이기
만약 ( 복제개수 나누기 2 의 나머지 = 0 ) (이)라면
  -90 도 방향 보기
  y좌표를 ( 절댓값 ▼ ( y좌표 ) + 150 - 절댓값 ▼ ( y좌표 ) x 2 ) (으)로 정하기
x좌표 < -250 까지 반복하기
  x좌표를 -4 만큼 바꾸기
이 복제본 삭제하기
```

예를 들어, 아래와 같이 첫 번째 완드가 –150에서 생성되면 절댓값을 취해 반대 방향인 150에 두 번째 완드를 위치해주면 장애물이 완성됩니다. 그런데 0쪽으로 더 가까운 –80위치에서 생성되었을 땐, 절댓값을 취해 반대 방향인 80으로 하게 되면 그림과 같이 겹쳐지게 됩니다.

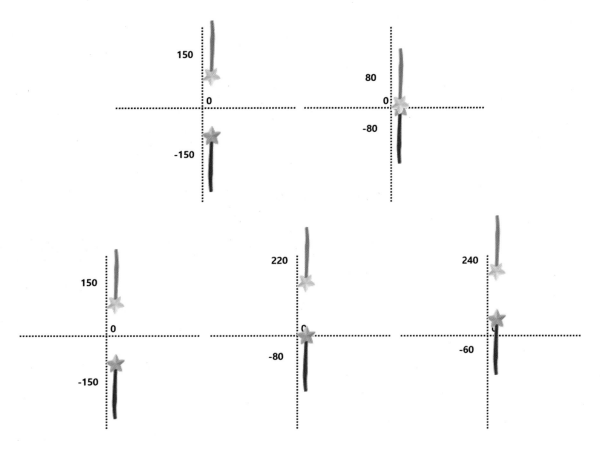

- −150일 땐 150 위치(절댓값 150 + 가중치 0)
- −80일 땐 220 위치(절댓값 80 + 가중치 140)
- −60일 땐 240 위치(절댓값 60 + 가중치 180)

−150일 땐 가중치가 0입니다. 따라서 150이 기준값이 되고 절댓값만큼 빼준 뒤 약 2 정도의 값을 곱해주면 항상 가운데가 일정한 장애물이 만들어집니다.

시작하고 확인을 해봅시다. 장애물들이 고양이가 피할 수 있는 충분한 공간을 만들면서 복제되는 것을 확인할 수 있습니다.

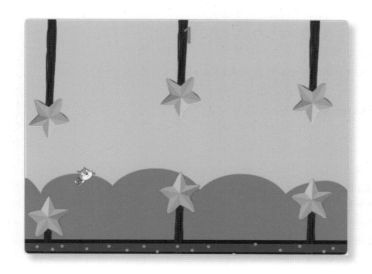

STEP 06 → 점수표현 스크립트 작성

우선 스크래치캣 러너처럼 개인저장소에 있는 '점수표현' 스프라이트를 드래그하여 추가하도록 합니다.

① 기존의 코드를 다음과 같이 수정해줍니다. 숫자의 색깔을 더 눈에 띌 수 있도록 바꿔주고 시작 위치를 조절해줍니다.

❷ 시작했을 때 점수가 일정 시간마다 증가하도록 해줍니다. 고양이가 플랩 하면서 장애물을 통과하는 시간이 규칙적이기 때문에 기다리기 값을 다음과 같이 설정해주면 됩니다.

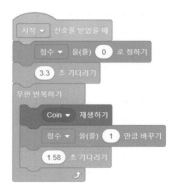

이제 게임오버를 구현해주어 게임을 완성하도록 합니다.

STEP 07 → **고양이 스크립트 추가 작성**

완드 또는 땅에 닿았을 땐 게임오버가 되도록 다음과 같이 코딩합니다.

STEP 08 → **땅 스크립트 추가 작성**

게임오버 일 때 땅이 더이상 움직이지 않도록 합니다.

STEP 09 → **완드 스크립트 추가 작성**

펜 확장 기능을 추가하고 다음 3개의 스크립트를 작성해줍니다. 게임오버일 때 복제된 완드

들을 도장을 찍어주어 게임오버 상황을 보여주도록 하기 위해서입니다.

STEP 10 → 점수표현 스크립트 추가 작성

점수표현에도 게임오버일 때 더이상 점수를 올리지 않도록
다음과 같이 코딩해줍니다.

STEP 11 → GameOver 스크립트 작성

마지막으로 게임오버 시 글이 나오도록 코딩해봅시다.

스프라이트 그리기를 해줍니다.

모양에서 아래와 같이 예쁘게 글을 적어줍니다.

아래와 같이 스크립트를 작성해줍니다. 게임오버 신호를 받았을 때 점점 커지면서 나타나도
록 한 다음 마우스나 스페이스 키를 누르면 다시 게임을 시작하도록 시작 신호를 보내줍니다.

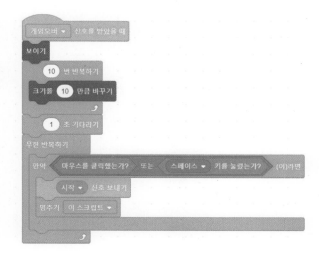

실행하고 플레이를 해봅시다. '플래피버드' 처럼 게임이 잘 진행될 것입니다. 플래피 스크래치캣을 완성하였습니다.

완성본 참고: https://scratch.mit.edu/projects/358814943

나만의 게임 만들어보기 3

플래피 장르의 나만의 게임 만들기

플래피 버드는 단순한 장르로 아류작이 매우 많습니다. 심지어 AI를 적용한 플래피 버드도 있습니다. 자신만의 독특한 아이디어를 생각해 또 다른 플래피 게임을 만들어보도록 합시다.

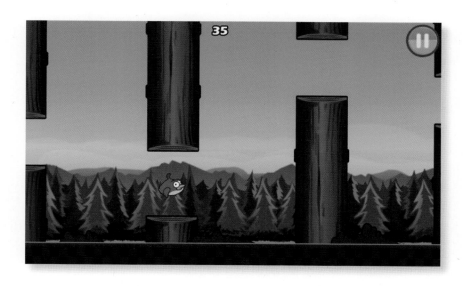

찾아보기

저자소개

문미경 교수

동서대학교 컴퓨터공학부 소프트웨어학과 교수로 재직 중이며 소프트웨어와 관련된 많은 강의를 진행하고 있다. 대표적인 경력으로는 지방특성화사업단(CK-1)의 부단장을 역임하였으며, 현재는 소프트웨어교육센터 센터장, 그리고 SW중심대학사업단의 총괄책임자로서 SW교육을 선도하기 위해 사업단을 운영하고 있다.

장문수 연구원

부산대학교 대학원에서 소프트웨어공학 석사 학위를 취득하였고, 이후 1인 회사를 설립하여 모바일 게임을 개발하여 출시하였다. 또한, 교육 사업도 시작해 초등학생부터 성인까지 대상으로 코딩 교육을 다년간 진행하였다. 현재는 동서대학교 SW중심대학사업단에서 전임연구원으로 재직 중이다.

코딩세계 초보여행자를 위한 안내서
with 스크래치3.0

인 쇄	2021년 1월 8일 초판 2쇄
발 행	2021년 1월 15일 초판 2쇄
저 자	문미경, 장문수
발 행 인	채희만
출판기획	안성일
영 업	한석범, 임민정
관 리	이승희
편 집	한혜인, 최은지
발 행 처	INFINITYBOOKS
주 소	경기도 고양시 일산동구 하늘마을로 158 대방트리플라온 C동 209호
대표전화	02)302-8441
팩 스	02)6085-0777
도서 문의 및 A/S 지원	
홈페이지	www.infinitybooks.co.kr
이 메 일	helloworld@infinitybooks.co.kr
I S B N	979-11-85578-59-0
등록번호	제 25100-2013-152호
판매정가	**22,000원**